Refusez la cruauté du monde !

De la même auteure

Ouvrages, rapports et textes (sélectionnés)

Résilience française. Sauvons notre modèle social, L'Observatoire, 2021.
Ce que je peux enfin vous dire, Fayard, 2018.
Manifeste pour une justice climatique, Plon, 2017.

Rapports en tant que présidente de la COP21 au SG de l'ONU :
.*Initiative africaine pour les énergies renouvelables*, 2016.
.*Femmes et Climat*, 2016.
.*Sécurité et Climat*, 2016 présenté à l'École militaire.
.*Finance verte et Climat*, 2016.
.*L'océan, patrimoine commun de l'humanité*, 2016.

Discours de clôture de la ratification de l'accord de Paris, AG des NU, New York, 2016.
Forum mondial des alliances et coalitions pour le climat, Rabat, 2016.
La finance responsable, green bonds et reporting climatique, OCDE, 2017.
« Our Ocean », université de Georgetown Washington, 2016.
Business Climate Summit, Londres, 2016.
Clôture du Sommet des consciences, Paris, 2015.
Capitol Hill Ocean Week, Washington, 2015.
Clôture du Business and Climate Summit, Paris, 2015.

L'Homme peut-il s'adapter à lui-même ?, Collège de France, 2014.
Les sols, épiderme vivant de la terre, Géosciences, 2014.
France et Europe, terres de pollinisateurs, Urbanbees, préface, 2014.

Cette belle idée du courage, Grasset, 2013.
Lettre à tous les résignés et indignés qui veulent des solutions, Plon, 2011.
Discours de Dakar, 6 avril 2009.
Lula, Obama, Forum social : dix leçons convergentes, Fondation Jean Jaurès, 2009.
Si la gauche veut des idées, avec Alain Touraine, Grasset, 2008.
Femme debout, Denoël, 2008.
Ma plus belle histoire, c'est vous, Grasset, 2007.
Maintenant, Hachette littérature, 2007.
Les droits des enfants, Dalloz, 2007.
La Vérité d'une femme, Stock, 1996.
Pays, paysans, paysages, Robert Laffont, 1993.
Le printemps des grands-parents, la nouvelle alliance des âges, Robert Laffont, 1987.

Ségolène Royal

Refusez la cruauté du monde !

Le temps d'aimer est venu

éditions du
ROCHER

Éditions du Rocher
28 rue Comte Félix-Gastaldi – BP 521 – 98015 Monaco

www.editionsdurocher.fr

ISBN : 978-2-268-10899-5
EAN epub : 9782268109268

Prologue

L'effondrement des tendresses

— Tu les as prévenus que tu venais ? me dit-elle d'un air malicieux.

— Oui. Pourquoi ?

Ma mère se mit à rire et c'était joyeux :

— Ah ! Je comprends. On m'a nettoyée de fond en comble et jusqu'entre les doigts de pieds !

Un fou rire. Un de ces instants suspendus de la vie. Dans cet Ehpad où, au fur et à mesure de mes visites, je la voyais décliner en gardant malgré tout son regard piquant sur la vie ainsi que sa volonté farouche de continuer à s'informer et à observer, et même à apprendre. Mais sa passion, la lecture, n'était plus possible.

Cet accompagnement de vie – je n'ai pas envie de dire « de fin de vie », même si elle a fini par s'éteindre – fut pour moi une tristesse, une angoisse même, puis une douceur. Mes grands-parents s'étant éteints chez eux, à un âge moins avancé, je n'avais jamais été confrontée au grand âge, ce moment où l'on devient fragile comme du cristal, qui laisse passer la clarté, ce mélange de fragilité et de beauté issu des tailles de facettes qui décomposent la lumière en de multiples arcs-en-ciel.

Ma mère, très diminuée, s'extasiait pourtant encore de tout : « C'est formidable le téléphone, il n'y a pas de fil et on s'entend. Tu crois que les mouches et les abeilles se parlent comme ça ? Elles se frottent les pattes. On ne s'ennuie jamais quand on regarde la nature. » Ma mère a toujours vécu de façon poétique. Et a surmonté les peines et les contrariétés. Et nous a appris à faire de même. En nous transmettant, avant même que nous sachions lire, le nom savant des herbes et des fleurs sauvages. Pas par des discours, oh ! non. Juste par l'exemple et par le partage des beautés de la nature : que ce soit le spectacle du ciel, ou l'infiniment petit d'un champignon rosé dans les prés au lever du jour, d'un lotier corniculé, des fruits de cynorrhodon plein de vitamines et mangés à même le buisson, ou encore d'un panier de pissenlits que l'on allait cueillir avec un opinel, mais aussi la malice d'une soupe d'ortie ou d'un

« lait de poule », ce mélange de lait chaud, de jaune d'œuf frais et de miel pour « tenir la journée d'école ». Et de la poésie tranquille née du travail vigoureux d'un grand potager qu'elle a entretenu le plus longtemps possible avec ses animaux autour d'elle : sa vache, son âne borgne, ses poules et ses oies, ses chiens. Cette maisonnée avait remplacé, en plus calme et beaucoup moins de soucis, le mouvement perpétuel de ses enfants, mais elle n'avait rien perdu de l'activité tous azimuts. Une mère qui a toujours été elle-même en prenant soin d'autres vies que la sienne : celles de sa famille de huit enfants, puis celles de la nature.

J'avais appris, en lisant de nombreux travaux de recherche pour comprendre cette période de grand âge, que c'était le moment de se parler le plus possible. De dire, à ceux qui vont bientôt quitter ce monde, des mots doux que l'on n'a pas su se dire, car cette habitude ne s'est pas forcément transmise de génération en génération, sans doute à cause d'une sorte d'austérité affective qui allait de pair avec un rigorisme éducatif. Cette pudeur qui protège l'amour sans l'enfermer. Alors que je lui glissais dans l'oreille en caressant ses mains « je t'aime maman ». Mots que je n'avais jamais prononcés et jamais entendus d'elle. Comme si ça allait de soi. C'est tellement mieux de parler et de se le dire depuis tout petit !

En écrivant cela, les mots d'Aragon me viennent à l'esprit :

> « Tu avais beau faire et beau dire,
> Voici venus les jours sans nous
> Je demeure sur tes genoux
> Comme un bouquet qui se dénoue. »

Peu de temps après que ma mère s'en fut allée, est arrivée la chape de plomb du terrible confinement. J'ai alors ressenti viscéralement la douleur des familles privées de leur visite et la souffrance affolée des anciens brutalement coupés de leurs enfants. Et qui sont morts dans la peur et l'effroyable solitude, livrés à la maltraitance en raison de la pénurie de personnel et de la voracité commerciale de certains établissements. Je me suis demandé avec effarement comment la politique en était arrivée là, à cette inhumaine décision d'interdire les visites dans les résidences des personnes dépendantes, même en extérieur devant leur fenêtre ! Pas même le droit de chanter ou de faire de la musique devant leur fenêtre.

Dégagez !

La détresse immense de tous ceux qui sont morts dans la solitude et celle des familles qui n'ont pas pu accompagner leurs parents et grands-parents dans cette épreuve. Qui n'ont même pas pu aller aux enterrements. Une torture que les enfants et les petits-enfants porteront toute leur vie comme une blessure, n'ayant pas pu faire le deuil de ces déchirantes séparations. Même masqués, alors que les transports en commun, métro, bus, trains, fonctionnaient. Les larmes me sont souvent venues en écoutant des récits d'adultes, s'effondrant de devoir faire demi-tour sur la route d'une visite en hôpital sous injonction policière : « Circulez, ce n'est pas un commerce essentiel », d'un mari très âgé venu parler et chanter sous les fenêtres de sa femme cloîtrée en Ehpad et sommé de dégager de là. Au cas où, vu à la télé, cela donnerait des idées aux autres. Une manifestation du quatrième âge sous les fenêtres des Ehpad, vous n'y pensez pas : du désordre intolérable ! L'ordre absurde qui fonctionna comme un empêchement à l'amour assimilé au danger. Pourquoi tant de cruauté ?

Je ne suis pas la seule, j'en suis certaine, à m'être demandé : comment un appareil gouvernemental de décision peut-il s'être endurci au point que, en son sein, personne n'ose ou même n'ait l'idée de rétablir un minimum de permissions protégeant la dimension humaine de nos vies ? Pas même un mot de condoléances, lors du « point journalier » de cette épouvantable comptabilité des morts et des cas positifs dont on nous accablait tous les matins. Pour nous faire taire et obéir.

L'effondrement des tendresses

Ce livre prend sa source dans l'effondrement des tendresses pendant le confinement. À l'autre extrémité de la vie, le profond traumatisme des enfants et des adolescents subissant les angoisses, l'isolement, l'interdiction aberrante des espaces verts et des plages, renfermant les familles dans des espaces restreints alors que la contamination se fait par contact rapproché ; l'interruption de l'école également, sans que, en contrepartie, une action mobilisatrice d'envergure, éducative et culturelle, se déploie par d'autres canaux pour soulager et accompagner les enseignants qui ont donné le meilleur d'eux-mêmes à distance, ni que les élèves ou les étudiants fassent l'objet, après la crise, d'un diagnostic et d'un rattrapage sous quelque forme que ce soit. Des soignants durement éprouvés dont on ignore encore le nombre de morts. Ni consolation, ni réparation. Au contraire, la poursuite de politiques sociales répressives.

Cet effondrement des tendresses est d'autant plus violent qu'il s'inscrit dans un contexte de plusieurs années de chocs sociaux. Il en est à la fois la continuité et l'aggravation. Et je me suis demandé alors quel était le sens d'un engagement politique de plus de trente ans, s'il fallait accepter un tel degré de cruauté dans l'action politique. Cela m'a rappelé ce vœu ému de Pablo Neruda : « Si seulement avec une goutte de poésie ou d'amour nous pouvions apaiser la haine du monde. »

Indignez-vous et refusez la cruauté du monde. Résistez !

Ce livre s'inscrit dans la continuité de celui de Stéphane Hessel dont le titre, *Indignez-vous !*, exprime le cri qui nous manque. Je lui avais promis de continuer sa prise de parole lorsqu'il était venu à l'université populaire de Désirs d'Avenir le 17 mai 2009 qui portait sur le thème de l'Afrique et l'Europe ; il avait dit alors, en concluant nos travaux, ces mots qui m'avaient beaucoup touchée et honorée : « Il faut revenir à ce que Ségolène nous propose : la vérité et la réconciliation. C'est là que nous allons trouver des ressources extraordinaires, dans des jeunesses qui ont devant elles la possibilité de construire un monde digne des grands exemples qui, mis ensemble, constituent une vision, un monde beau et poétique. Et, chère Ségolène, si vous y participez avec votre courage et votre énergie, nous vous en serons reconnaissants. »

Ce livre est une promesse affectueuse que j'honore à son égard et je m'inscris humblement dans sa continuité, comme un flambeau que je me devais un jour ou l'autre de rallumer comme il m'y avait si gentiment incitée. Car écrire, c'est agir et je suis heureuse de le faire aujourd'hui en pensant à ce qu'il nous a légué au nom de tous ceux et celles qui avec lui et comme lui ont d'abord pensé aux autres avant de penser à eux-mêmes, forts d'avoir vécu les épreuves de la Résistance et de la captivité, ne sachant pas à quel moment la vie allait leur être retirée.

S'indigner, c'est résister ; et résister, c'est surmonter le pire des dangers : l'indifférence et le découragement, disait-il il y a une dizaine d'années. C'est encore tellement plus vrai aujourd'hui ! L'amour, la générosité, l'altruisme, l'effacement de soi ont manifestement disparu. Sans doute depuis longtemps, mais la gestion de la crise sanitaire a révélé brutalement ces graves carences dans l'action politique.

D'où vient cette disparition ? Pourquoi ce nœud d'agressivité, d'intolérance, de brutalité, de schématisme, dont d'ailleurs les citoyens se détournent.

Une forme d'assèchement du discours et de la pensée politiques.

Les comptables ont totalement remplacé les humanistes. « Avec la mondialisation et l'Europe telle qu'elle est devenue, il n'y aura plus que des comptables et des financiers », avait pressenti François Mitterrand.

Le recul de la civilisation

C'est parce que la cruauté du monde fait reculer la civilisation que j'ai cru utile de réfléchir à tout ce que la politique doit à l'amour et à ce qu'elle pourrait lui apporter en retour. Au bout de toutes ces années d'engagement politique, je n'ai pas envie de transmettre aux générations qui viennent une France et un monde plongés dans le chaos, les révoltes, les souffrances inutiles, les injustices, les peurs, les guerres, et j'ai senti le besoin de parler pour contribuer, même un peu, à changer le cours des choses. Oui, contribuer à apporter le meilleur de la vie, en particulier à ceux qui subissent les chaos et pénuries, comme la pénurie de paix, mais aussi celles reflétant des carences inacceptables : pénurie d'éducation, de santé, de culture. Ici et dans le monde. Parler pour mobiliser le courage et la sagesse d'agir de toutes celles et ceux qui ont une part de pouvoir ; aussi, comme je le fais ici en livrant une expérience, pour faire taire les violences, les peurs et la destruction du vivant. Nous avons la responsabilité de donner aux nouvelles générations des raisons de vouloir grandir dans ce monde et de le changer en mieux, en les aidant à aimer la beauté et la fraternité plutôt qu'à creuser leur désespoir et leur solitude. Une alerte doit être entendue : celle qui fait dire à certains jeunes que, si ce monde reste ce qu'il est, il serait insensé d'y faire naître des enfants. Alors quoi ? Notre génération n'aurait pas été capable de transmettre le goût même de donner la vie ? La baisse du nombre de naissances qui, en 2023, fait tristement reculer notre pays au niveau de l'année 1946 avant le déploiement de toutes les politiques familiales, devrait être la première des préoccupations, et nous conduire à nous demander ce qui faisait cette exception française en Europe – ce trésor d'une natalité dynamique – si ce ne sont, entre autres, ces services publics de qualité qui sécurisaient les parents et permettaient aux femmes la conciliation entre vie familiale et vie professionnelle. C'est un triste déclin de perdre cette exception qui était la nôtre : un pays au taux d'activité féminine le plus élevé et au taux de fécondité le plus élevé aussi. Donc, en abîmant les protections sociales et les politiques familiales, on abîme la vie à venir. Je suis certaine qu'il peut en être autrement.

L'effondrement de la politique est lié à l'effondrement des tendresses

Je n'ai pas donné plus de trente ans de ma vie à l'action publique pour assister, inerte, à la dégradation du lien citoyen entre le peuple et ses dirigeants.

Dégradation du lien d'amour. Je peux me permettre d'écrire et de penser cela, mon expérience me l'autorise et même me le commande. Je le ressens comme un devoir. Une obligation à ne pas détourner le regard et le temps du travail à faire. Car quand je vois des peuples souffrir et manifester pour le dire, je souffre de cette cruauté, ici et dans le monde. Quand je vois des soignants souffrir et prendre sur leur temps pour descendre dans la rue, je souffre de cette cruauté ; quand j'entends des enfants avoir peur de la guerre si proche et demander pourquoi les grandes personnes n'arrivent pas à y mettre fin, je souffre de cette cruauté ; quand je vois des étudiants enfermés pendant le confinement et aujourd'hui cherchant leurs repas aux Restos du cœur, je souffre de cette cruauté. Quand je vois les services publics se déliter, les inégalités se creuser, je souffre de cette cruauté ; quand je vois partout les femmes victimes de violence, je souffre. Quand, dans le monde, je vois le continent africain avec une jeunesse si créative ne pas disposer de l'accès à l'énergie, cette Afrique si proche, victime du dérèglement climatique avec des millions de victimes, provoqué par les énergies fossiles qui ont permis son exploitation, au service des pays industrialisés, je souffre de cette cruauté. Quand je vois les continents et les peuples les plus vulnérables subir les catastrophes climatiques, et même disparaître comme les États insulaires, oui, je souffre de ces cruelles indifférences. Quand je vois les guerres dans le monde entier se heurter au mur de l'indifférence, je souffre de toute cette violence, en pensant d'abord à tous ces enfants victimes, marqués à jamais par l'interdiction de l'insouciance.

Et je ne me résous pas à cet effondrement des tendresses qui explique l'effondrement de la politique. Non pas qu'elle en eût davantage de trendresse avant. Mais parce que, les crises s'accumulant, ce besoin de tendresse et de bienveillance est beaucoup plus fort.

Ma réflexion est celle d'une responsable politique qui assume volontiers de dire, au vu de son expérience : j'aurais beau disposer de toutes les expertises, j'aurais beau recevoir matin et soir toutes les enquêtes d'opinion imaginables, j'aurais beau connaître toutes les arcanes visibles et invisibles du pouvoir, j'aurais beau avoir une énergie capable de relever le pays, j'aurais beau être prête à me sacrifier à ce que je crois juste, s'il me manque l'amour, cela ne sert à rien.

Les experts, nous les avons, au point même qu'ils se croient prêts à se passer des gouvernants – donc du peuple – pour prendre les commandes dans tous les secteurs de notre vie, tout comme les pouvoirs financiers. Les sondages, nous en disposons, au point même qu'ils tendent à dicter les campagnes et décider du résultat des élections. Les talents politiques, nous n'en manquons pas, dans un pays qui a toujours prisé la chose publique. Une partie d'entre eux est heureusement prête à faire des sacrifices pour voir triompher une juste cause. Et presque tous sont habités par une forme de générosité. Les responsables politiques ont aujourd'hui davantage d'outils qu'aucun gouvernant par le passé. Ils peuvent comprendre le passé, calibrer le présent et prévoir l'avenir. Jamais pourtant ils n'ont été aussi déconsidérés.

Aimer les semblables dissemblables

Et ce paradoxe tient à mes yeux en ceci : ayant tout sauf l'amour pour les citoyens – je ne parle pas de l'amour abstrait pour leur pays et leur patrie, mais de celui pour la foule de leurs semblables dissemblables –, ils n'ont rien.

En écrivant cela, me revient à l'esprit ce texte du Nouveau Testament, biblique mais universel, cette ode à l'amour de saint Paul : « L'amour prend patience ; l'amour ne jalouse pas ; il ne se vante pas, ne se gonfle pas d'orgueil ; il ne fait rien d'inconvenant ; il ne cherche pas son intérêt ; il ne s'emporte pas ; il n'entretient pas de rancune ; il ne se réjouit pas de ce qui est injuste ; il fait confiance en tout, il espère tout, il endure tout. L'amour ne passera jamais. »

Je l'ai choisi pour structurer ce livre en me demandant comment l'action politique, ici et sous toutes les latitudes, pourrait reconquérir le cœur des peuples, en suivant ces chemins de l'amour, si bien identifiés. Et réparer les conséquences de la mauvaise politique.

Ce texte est une sagesse universelle, comme un poème philosophique. Je n'ai pas cherché à dissimuler la source ou à l'édulcorer pour éviter je ne sais quelle critique – ou plutôt je sais trop bien laquelle. Je l'assume et j'écris ce que je crois juste et utile, sans prétention et sans prétendre détenir la vérité.

Une contribution à l'éveil des consciences

Cet essai n'est ni polémique, ni politicien, ni dirigé contre le pouvoir en place. Il est une contribution à l'éveil des consciences, de ceux qui décident comme de ceux qui subissent, une sorte de voix des sans-voix et notamment de celles et ceux, épuisés, qui ne peuvent même plus s'exprimer. Ou de ceux qui vivent bien et très bien, à l'abri de tout, ainsi que leurs enfants, mais qui voudraient un monde plus juste et plus paisible, et qui sont prêts à y contribuer, car ils ont compris que l'on ne peut durablement aller bien que si tout le monde a la possibilité et l'envie de s'élever et de transmettre à une nouvelle génération.

J'ai choisi, en l'écrivant, non pas d'accrocher l'amour à la rescousse de la politique, mais de placer la politique sous la protection de l'amour.

Ce que l'amour est, que la politique le devienne ou le redevienne. Telle est la contribution aimante que je propose au débat, comme ferment de la démocratie et véritable porte ouvrant sur un avenir confiant. Écrire, c'est agir.

Ce livre est écrit comme on aime : librement et à cœur ouvert.

Chapitre 1

L'amour prend patience.
La politique doit prendre patience.

Mathilde, 75 ans, Poitiers, ancienne aide-soignante : « Je revis, je n'avais jamais, de ma vie, penser enfiler un gilet jaune pour aller sur un rond-point retrouver des gens comme moi, étranglés par les factures et révoltés contre la taxe carbone. À quelques jours de Noël, je ne peux pas acheter de cadeaux pour mes petits-enfants, et maintenant, pour aller les voir, je dois calculer l'essence. »

Nous sommes au deuxième jour de l'occupation des ronds-points, essentiellement par des femmes aux bas revenus et petites retraites, qui voient avec angoisse leur « reste à vivre » se réduire comme une peau de chagrin. En gilets jaunes pour la sécurité. Qui deviendront l'emblème de cette révolte sociale si légitime dans ses motifs et désolante dans toutes ses conséquences. Il y aura une vingtaine de morts et des dizaines de mutilés.

J'appelle très peu Emmanuel Macron. Mais là, je le fais pour lui conseiller de retirer cette taxe. Ce qu'il sera contraint de faire après de longs mois de dégâts inutiles. D'expérience et d'instinct, j'ai senti le danger. J'avais eu à gérer la crise des bonnets rouges, à propos d'une écotaxe qui ressemblait furieusement à la taxe carbone, et, en écoutant tout le monde, j'en avais conclu qu'il fallait l'arrêter avant que le pays ne soit bloqué pendant des mois par les camions. Matignon et l'Élysée, à qui je demandais un arbitrage en ce sens, s'étaient dérobés. J'annulai donc cette taxe de ma propre initiative, épargnant à tout le pays de longs mois de violence sociale et de dégâts économiques considérables.

« Il faut tout arrêter, dis-je à Emmanuel Macron. Il en est encore temps, ça va dégénérer. Il faut patiemment reprendre le dossier et les échanges. »

Hélas, il n'en fut rien. Le Premier ministre y tient et on ne peut pas « reculer ». Ah ! Cette frénésie dans l'impossibilité de « reculer » ! Qui fait commettre tant d'erreurs. On doit tenir bon sur une décision parce qu'elle est bonne, et non parce qu'on l'a prise ou même annoncée.

« Dans la vie, rien n'est à craindre. Tout est à comprendre », disait Marie Curie. Cette réflexion concernant le temps de la recherche scientifique fait contraste avec bien des exemples d'errements de la décision politique qui doit trouver un juste équilibre entre le mûrissement d'une décision et le temps court de la communication. Au fond, c'est comme le mauvais profit, la mauvaise politique : c'est chercher un rendement immédiat et sans effort, en entretenant l'illusion d'une compétence.

La politique est devenue frénétique

Comme l'est le néolibéralisme, qui désormais la domine, la politique doit cesser d'être frénétique et prendre patience.

La réforme des retraites a été conduite avec la même cruauté. C'est d'autant plus incompréhensible dans ce contexte, en pleine angoisse sur l'inflation et après avoir supprimé les critères de pénibilité et l'indexation des retraites sur l'inflation en expliquant que c'était pour sauver le système. Et pourtant, une réforme ressurgit, comme gage donné aveuglément aux tenants de la rigueur européenne. C'est donc une forme de harcèlement moral violent qui est ressenti très largement – et notamment par ceux qui travaillent dur physiquement et qui ont déjà, à la cinquantaine, des douleurs osseuses et musculaires, et auxquels il ne restera pas d'années de retraite en bonne santé. Comment la France en est-elle arrivée là ? Comme l'écrit Stéphane Hessel, l'un des fondateurs de la Sécurité sociale, avec toute la ferveur et la souffrance de ce qu'il a connu dans la Résistance et en captivité : « On ose nous dire que l'État ne peut plus assurer les coûts de ces mesures citoyennes. Mais comment peut-il manquer aujourd'hui de l'argent pour prolonger les conquêtes sociales, alors que la production de richesses a considérablement augmenté depuis la Libération, période où l'Europe était ruinée ? » Je suis certaine que ce système social explique une grande part du génie français, en forgeant un modèle de société et une nation sécurisante et solidaire. La créativité et la productivité se déploient lorsque existe un filet de sécurité. Chaque pays a son génie en fonction de son histoire et de ses rêves. Une communauté de destins au niveau d'un continent consiste à prendre le meilleur de chaque pays en acceptant une diversité. C'est cela qu'il doit être possible de faire en Europe au lieu d'aligner tout le monde vers le bas. La France ne doit plus se laisser traiter de « dépensière » et subir des attaques permanentes sur son modèle social. Il faut se tirer collectivement vers le haut.

Les dégâts de la frénésie politique

L'amour disparaît en politique, parce que celle-ci est pressée. Or l'amour prend patience, parce que l'échelle de temps s'étend sur une génération. Et même au-delà. Et s'inscrit aussi dans la continuité de la génération qui précède. La politique fonctionne à rebours de ce principe, elle est même souvent obsédée par la destruction de ce qui a précédé. Combien de fois ai-je vu des ministres penser qu'ils succèdent à des incapables ou seront suivis par des ignares ; et pour exister, surtout quand ils n'ont pas d'idées neuves ou opportunes, détruisent ce qui a été fait avant. Surtout au début de leurs fonctions car, ne maîtrisant pas bien les sujets, ils sont influencés par les lobbies et les technos qui prennent leur revanche sur des arbitrages perdus. C'est ainsi, par exemple, qu'à ma grande stupéfaction, les ministres de l'Environnement qui m'ont succédé se sont laissé imposer des régressions qui n'ont jamais été rattrapées : démolition de la loi de transition énergétique de 2015 avec la suppression de tous les outils pour monter en puissance sur les énergies vertes, économiser l'énergie et encourager les travaux qui auraient permis aujourd'hui d'amortir considérablement la crise énergétique. Tous ses dispositifs ont disparu, alors que si tout avait été maintenu, on en retirerait un bénéfice considérable en indépendance énergétique, avec une structuration de filières industrielles fortes.

Cet exemple est d'autant plus révélateur des effets pervers de cet instinct de destruction du passsé, que le principe de non-régression en matière environnementale est inscrit dans la loi !

La frénésie de réformes dans l'Éducation nationale en est un autre exemple. Charivari de changements, sans suivi ni cohérence. L'exemple de la suppression des maths et des sciences naturelles (sciences de la vie et de la terre) en est une caricature dans deux domaines essentiels pour l'avenir d'un pays : former des ingénieurs pour la créativité industrielle (les maths où la tradition française est l'une des meilleures) et former à la question du climat et de la biodiversité (les sciences naturelles).

Oui, la révision des programmes est l'exemple caricatural de cette agitation destructrice. Le processus est long et absorbe une énergie administrative détournée des vrais enjeux de la réussite des élèves et du soutien aux enseignants, qui perdent ainsi un précieux temps. Leur lassitude face à ces changements permanents et cumulatifs conduits par des ministres souvent prétentieux, imposant leurs marottes jamais évaluées avant d'être changées par le ministre suivant, est une des causes de l'effondrement des vocations en plus du dévissage social, bien sûr. Ces tempêtes de décisions sorties de nulle part, cette prétention à faire voter une loi à son nom, aussitôt gommée par le successeur, prend en otage toute la communauté éducative. Le pire, au cours de ces dernières années, a sans doute été la suppression des aides éducateurs qui permettaient d'avoir un deuxième adulte dans toutes les classes, et d'accompagner tous les enfants handicapés dans l'action « handiscole ». L'école a besoin d'un effort massif de formation et de revalorisation. Les professeurs sont pris en étau entre un État qui leur demande de résoudre les fractures malgré ces agitations permanentes, des parents de plus en plus en attente, et des élèves qui ont considérablement changé depuis leur formation de base.

Les plus effroyables fautes politiques, celles qui ont causé le plus de dégâts à l'humanité, à savoir les guerres, et les plus affligeantes, celles qui ont le plus déformé les sociétés, à savoir la misère et les injustices conduisant aux révoltes sociales violemment réprimées, sont issues de décisions frénétiques incapables de mesurer les conséquences des actes, d'anticiper leur impact. Elles sont souvent la conséquence d'un rapport de forces provisoire, que l'on veut étouffer pour prendre rapidement le dessus ; ou alors de décisions mises entre les mains d'individus immatures ou pervers comme le sont ceux qui, n'ayant jamais souffert, n'ont jamais d'empathie, autocentrés et fermés sur eux-mêmes, dangereux quand ils ont le pouvoir ; c'est d'ailleurs un trait de caractère qui facilite malheureusement l'accès au pouvoir en économisant tout scrupule, et en justifiant la fin par les moyens, mais qui s'avère catastrophique dans l'exercice du pouvoir.

La verticalité du pouvoir ne facilite pas la patience

Si la politique avançait d'un pas serein, suivant le rythme de la patience, elle ferait moins d'erreurs. Elle prendrait le temps (pas en durée, mais en approfondissement) de comprendre, d'anticiper et surtout de réadapter en permanence les décisions prises alors que le contexte change, y compris sous l'effet des changements induits par la première décision. C'est ce que l'on recherche dans les « études d'impact », en principe obligatoires lors de toute réforme, mais dont l'usage s'est perdu ou dont la qualité est souvent négligée.

La verticalité du pouvoir ne facilite pas la patience.

Or la patience, on le sait, est la vertu fondamentale dans la transmission. Parce que c'est la vraie preuve de l'empathie et de l'écoute, celle qui permet tous les dialogues et donc tous les progrès.

La frénésie de la politique se traduit également par une sorte d'hyper-réactivité aux faits divers. « Être informé de tout et condamné ainsi à ne rien comprendre, tel est le sort des imbéciles », écrit Bernanos. C'est tellement vrai, maintes fois je l'ai constaté.

Et si la politique frénétique perd patience, ce sont les électeurs qui, en retour, perdent patience. Parce qu'ils perçoivent parfaitement la confusion entre la frénésie politicienne et l'efficacité réelle. Ils voient bien les limites d'une politique touche à tout, sans vue d'ensemble et sans vision structurante.

La contradiction est encore plus flagrante lorsque la politique sert le court terme, tout en sacrifiant le monde d'avant bâti par des générations.

Un exemple récent m'a particulièrement marquée : la suppression de l'ONF, Office national des forêts, sans doute parce que j'ai toujours aimé la forêt de mon enfance dans les Vosges et la cueillette des champignons avec mon grand-père tous les dimanches d'automne. Et l'apprentissage de tous les noms des arbres de la forêt en observant la forme des feuilles, la couleur et la texture de l'écorce des arbres.

C'est sans doute pour cela et parce que le rôle des forêts est important dans la capture du carbone et le rafraîchissement de la température, en plus de leur rôle considérable dans le maintien de la biodiversité, que j'ai été catastrophée par la privatisation de cet organisme chargé de la gestion de nos forêts domaniales, l'ONF construit pendant des siècles, avec des savoir-faire uniques au monde et qui s'est vu détruit par la frénésie de la privatisation. Sans doute quelques grands propriétaires forestiers sont venus se plaindre contre les « contraintes de la réglementation qui nous empêchent de rentabiliser la forêt ». Mais la gestion d'une forêt domaniale, ce n'est pas du court terme. Un chêne, c'est plusieurs générations. Sept mille emplois ont été supprimés. Une institution démoralisée. Une forêt, trésor national, non entretenue. Résultat : des incendies terribles pendant l'été 2022 dans des régions jamais touchées jusqu'alors et un manque criant de forestiers pour replanter. Les mêmes qui ont détruit l'outil sont ceux qui aujourd'hui annoncent la replantation nécessaire d'un milliard d'arbres !

Mais par qui ? Et avec quoi, puisque les pépinières sont également à l'abandon ? Et l'absurdité de ce système fait que même les chiffres ne sont plus maîtrisés ! C'est tantôt un milliard d'arbres qui est annoncé, tantôt 10 milliards d'arbres. Plus de 200 000 plantations… par jour. Où en est-on depuis cette annonce ?

Le sens de l'histoire empêche la frénésie désordonnée

Chacun se souvient de la pensée de François Mitterrand : « donner du temps au temps », avec le symbole du cognac charentais qui passe deux fois dans l'alambic. Il a toujours inscrit ses combats dans la perspective plus vaste d'une histoire au long cours. Histoire de France dont il disait qu'elle le possédait depuis l'enfance, et qu'il connaissait si bien. Histoire d'une France avec laquelle on ne peut rien faire si on ne l'aime pas de toutes ses fibres. La mémoire du passé est nécessaire à l'invention de l'avenir. Pour bien comprendre que de nouvelles dominations se substituent à celles que l'on a abattues avec une similitude confondante. Voyez les oligarchies d'aujourd'hui et leur parfum d'Ancien Régime. Voyez ces précarités et ces dérégulations qui s'acharnent à déconstruire les protections conquises par un siècle de lutte sociale. Comme il nous l'a dit, d'une voix ferme mais embrumée par la maladie qui le rongeait, lors de ce dernier conseil des ministres du 23 mars 1993 dans lequel j'étais ministre de l'Environnement : « Ne vous faites pas d'illusions, tout ce que vous avez redouté va se passer. Et n'oubliez jamais ceci : c'est une loi de la société qui veut que ceux qui possèdent veulent toujours posséder plus. Il y a des gens très bien à droite, mais ils seront emportés par les grandes forces de l'argent. Comment voulez-vous que des gouvernements de droite résistent longtemps aux milieux dans lesquels ils vivent, aux grandes compagnies d'assurances, aux financiers ? Ils s'en prendront aux retraites, à la santé, à la Sécurité sociale. Alors, ajouta-t-il, vous allez devoir reconstituer un noyau cohérent, vigoureux, sans querelles, ne craignant pas les obstacles, acceptant les sacrifices, renonçant aux joies paisibles d'une vie tranquille.

Il faut avoir la force de rebâtir.

Battez-vous dos au mur.

Je vous accompagnerai jusqu'à mon dernier jour.

Je n'en ai plus pour longtemps.

Pour imposer des lois d'équité, il faut les révolutions.

Vous avez une belle et grande cause à défendre, dites-vous bien qu'elle est meilleure que nous tous. »

Jamais ces paroles n'ont eu plus de force et de vérité qu'aujourd'hui. Par conséquent, le temps long de l'histoire n'est pas incompatible avec la nécessité d'agir vite quand il le faut. Le sens de l'histoire empêche la frénésie désordonnée.

Prendre patience n'est pas renoncer à la passion de faire

On nous dit que tout va vite et que le temps qui s'accélère ne doit laisser aucune place à l'attentisme. Mais prendre patience, ce n'est pas attendre. Et prendre patience, ce n'est pas renoncer à la passion de faire. Au contraire, c'est se mettre à l'affût, pour une décision affûtée. Comme un photographe ou un cinéaste de la nature qui attend l'extraordinaire, un peu comme Sylvain Tesson attend la panthère des neiges.

Car le meilleur ne se décrète pas : il se laisse approcher, puis se dérobe, et finalement apparaît à qui a su prendre patience.

D'une certaine façon, écrire un livre politique comme celui-ci, c'est faire preuve de patience et croire encore qu'on peut changer les choses avec le travail artisanal, besogneux et concentré d'un stylo ; c'est vouloir être utile à la chose publique et ne pas accepter sa dégradation. Ce n'est pas une condamnation de la politique qui reste mon cœur de vie, mais c'est une critique de la mauvaise politique, celle qui est mal orientée. Celle qui crée des angoisses, des peurs ou des empêchements.

J'aime l'humanité, les générations à venir, la vie paisible, la planète, les enfants qui naissent et qui grandissent, la sincérité et l'honnêteté. Fatiguée de la brutalité des actions, je ressens et j'entends la grande fatigue des gens subissant ces multiples crises, sans perspective. Je ressens la déception des reculs devant les actions pour la planète. Et l'amertume des pays du Sud tardivement émancipés de l'emprise du Nord, et de plus en plus impatients de contribuer à leur juste place au progrès de l'humanité.

J'ai été mère quatre fois, je comprends ce qu'est l'amour inconditionnel. Quand on est fatiguée jusqu'à l'épuisement, mais que l'on trouve quand même la force d'être là et l'énergie pour rester debout et à l'écoute. Aimer ses enfants et en prendre soin nous apprend à aimer l'humanité. Ne serait-ce qu'en passant du moi au nous.

En passant du moi au nous, on devient un être social. J'ai passé du temps à me mettre en observation, dans les réussites comme dans les échecs, pour ne pas me trahir. Je continue avec mon idéal.

J'ai passé du temps à observer et à ressentir. Pour ne pas me tromper. Car la vie est une formation constante et va vers le futur. Pour être humaine, la politique ne doit pas être le produit de l'ambition égoïste. La persévérance et la patience viennent du fait que, pour moi, la politique ce n'est pas une affaire, c'est un acte d'amour à l'humanité, aux personnes que j'aime et à la planète qui est dans un état de pré-destruction.

Chapitre 2

L'amour rend service. La politique doit cesser d'être punitive.

« Vous ferez la liste des lieux et équipements prioritaires qui ne sont pas délestables, mais vous n'en donnerez pas la liste, et vous ferez croire à ceux qui ne le sont pas, parce que raccordés à la même boucle, qu'ils le sont. » Nous sommes au début du mois de décembre 2022. Cet ordre choquant est donné aux préfets par écrit dans une circulaire restée secrète.

La menace de coupure d'électricité fut non seulement un acte de politique punitive, mais ce fut aussi un risque vital tant les conséquences dangereuses auraient pu être catastrophiques.

Quand les préfets reçoivent de Matignon cette circulaire de plusieurs dizaines de pages et d'annexes, au début du mois de décembre 2022, sur la gestion de crise en cas de coupure de courant appelée « mesure de délestage électrique programmé », ils n'en croient pas leurs yeux expérimentés de gestionnaires de crises. Ils y lisent que « les usagers ne pourront pas joindre les services de secours, ni le numéro d'appel d'urgence, qu'il y a des risques de déversement des égouts dans les milieux aquatiques, qu'il faudra éventuellement « déplacer les personnes malades à haut risque » (tout cela en étant prévenu la veille à 17 heures) dont l'ARS doit transmettre la liste aux gestionnaires du réseau électrique (Enedis ou ELD) et s'assurer qu'ils ont compris le signal rouge d'Ecowatt ! Les communes sont chargées de faire un fichier de « personnes vulnérables ». Il est écrit que le système d'alerte peut être orange (il y a une possibilité de coupure) puis rouge (ça va couper) mais malgré le signal, ça peut ne pas couper. C'est seulement à 21 h 30 la veille que les préfets, selon cette circulaire, auront confirmation des zones touchées. Sous forme d'une cartographie qu'il leur est préconisé de garder secrète !

Et puisque les téléphones seront coupés, il est demandé aux préfets de « trouver des bénévoles pour venir auprès des personnes vulnérables, pour les aider à rallier des sites d'accueil comme les commissariats » (sans lumière et sans téléphone donc, puisqu'ils sont dans le même secteur, et sans sonnette d'entrée qui fonctionne, ni interphone, ni ouverture électrique des portes d'immeuble) et il est commandé aux pompiers, policiers et gendarmes d'être présents sur leur lieu de travail dans le cas « d'une demande inopinée de secours d'urgence par un citoyen venant au contact » !

Pourquoi faire peur ?

Comme au temps de la gestion du Covid et des variations d'ordres sur les masques, le plus stupéfiant c'est la recommandation de mentir. En clair, il leur est demandé de mentir, car cette circulaire leur donne l'ordre suivant : « vous ferez la liste des consommateurs prioritaires (là où le courant ne peut pas être coupé), mais vous ne le direz pas à ceux qui font partie du même réseau (et auxquels l'électricité ne peut donc pas être coupée). Vous leur adresserez la même alerte de coupure en leur faisant croire qu'ils sont quand même visés par les coupures de courant. »

En fait, sur 38 millions de consommateurs d'électricité, seuls 4 millions (surtout en milieu rural) sont potentiellement « coupables » au double sens du terme et donc délestables. Donc la question éthique et politique est celle-ci : pourquoi avoir fait peur, malgré ces données techniques, à toute la population, et, fait plus grave, en commençant par les enfants (annonce intempestive de la fermeture des écoles à la sortie de la réunion de coordination à Matignon) et leurs familles ? Comme s'il y avait une sorte de délectation à mettre en place des procédures menaçantes. Sans parler de l'intrusion dangereuse dans les vies privées et médicales avec cet inventaire des « personnes vulnérables ».

Avec sans doute ce triste calcul : prévoyons et annonçons le pire, même mensonger, pour avoir ensuite la reconnaissance du pire qui n'arrive pas.

Ou alors juste un manque inquiétant de discernement et de bon sens. Je me suis souvenue avoir reçu, en tant que ministre de l'Environnement chargée de l'énergie, la même alerte de « procédure de délestage » et de demande de réouverture des centrales à charbon : j'ai alors immédiatement convoqué le patron d'EDF et lui ai donné l'ordre par écrit d'assurer la continuité de la fourniture d'électricité, et nous avons relancé les campagnes d'économies d'énergie, refusant de suivre cette logique absurde. Ce qu'il a fait immédiatement et sans rouvrir les centrales à charbon ni augmenter le prix de l'électricité, qui constituent les deux objectifs inavoués des menaces de coupure. Une autorité expérimentée et qui fait preuve de discernement ne tombe pas, tête baissée, dans n'importe quelle pression de n'importe quel lobby. Je me suis toujours refusée à céder à ces conseils de gouvernement par la peur.

Refuser le dirigisme par la peur

Semer la peur, c'est rendre une société malade, comme un harcèlement moral sur lequel on n'a aucune prise. Et la menace de coupures de courant a déclenché des angoisses considérables, à commencer par les malades sous respirateur, les femmes enceintes, et toutes celles et ceux dont la santé dépend de l'énergie. On imagine aussi la vulnérabilité des personnes seules et l'explosion de la délinquance qu'auraient permises des villes plongées dans le noir avec impossibilité d'appeler les secours d'urgence. Une cruauté inimaginable.

C'est exactement l'inverse de la cruauté aveugle que l'amour inspire à une politique soucieuse du peuple qui l'a élue.

L'amour soulage, il n'est pas punitif. L'amour se fait serviteur et non maître.

Dans la gestion du Covid, les pulsions punitives qui sommeillent en toute autorité non réfléchie s'en sont donné à cœur joie. Ordres, contrordres, interdits, répression, café debout ou assis, pass sanitaire pour n'importe quoi, masque pour les petits-enfants assignés à rester dans des ronds tracés à la craie pendant la récré – avec comme conséquence des retards de langage –, le tout justifié par un « comité d'experts » que personne ne voit, qui n'a aucun compte à rendre, qui se situe en dehors de tout processus démocratique, et qui a d'ailleurs disparu depuis. Les experts légitimes, de bon sens et au contact des gens sont écartés : commissions parlementaires, association des maires, relais de terrain dans les départements, parents d'élèves.

Les actions punitives ont un autre impact négatif : elles isolent, car chacun se replie sur son problème. Et cet isolement est un soulagement pour tout pouvoir qui craint la coalition des mécontents. C'est un ressort de domination qui renforce celui de la gouvernance par la peur.

« Notre peuple mérite qu'on se fie à lui et qu'on le mette dans la confidence », disait Marc Bloch s'exprimant déjà en réaction à une histoire de domination.

C'est déjà sur cette belle idée que je lance la démocratie participative et les jurys citoyens dès 2004 en Poitou-Charentes. La quasi-totalité de la classe politique ricane. Aujourd'hui le vocabulaire est récupéré, mais pas toujours les méthodes, loin s'en faut. Ni les sujets les plus cruciaux. Par exemple, il n'y a pas eu de conférence citoyenne sur les retraites, alors que c'est le premier sujet de préoccupation des gens. Et la conférence citoyenne sur le climat a débouché sur des propositions qui n'ont pas été retenues.

Pourquoi est-ce si difficile, pour tout pouvoir de mettre les peuples dans la confidence pour décider ensemble, et donc mieux ? Peur de la désobéissance ? Ivresse du pouvoir d'interdire ? Jouissance de la punition infligée si facilement ? Croyance que le peuple n'est pas assez intelligent ou averti de ce qui le regarde ? J'ai toujours constaté que les citoyens sont les meilleurs experts en ce qui les concerne.

L'amour de la liberté doit reprendre le dessus après la répression sanitaire, et la répression culturelle, le contrôle policier jusque dans les cinémas, alors même que les transports en commun fonctionnaient ! Ou encore les livres interdits à la vente et sous filets… de sécurité. Cette répression culturelle restera comme une blessure. Une trahison de l'exception culturelle française, qu'il ne faudra jamais renouveler quelles que soient les circonstances. La culture fait partie de toute solution à toute nature de problème.

À chaque manifestation, une police désormais armée comme pour une guerre, et formée comme si les manifestants étaient des ennemis. Cette guerre n'est ni celle des policiers, ni celle du peuple, dont les policiers font partie et qui subissent des affrontements très risqués, comme c'est le cas lorsque l'ordre juste glisse vers l'ordre injuste, qui est toujours le prélude au désordre.

C'était inconcevable pour ma génération, lorsqu'elle est entrée en politique d'imaginer qu'un jour la police française serait systématiquement armée et caparaçonnée comme si le peuple, quels que soient les circonstances et les sujets, était considéré comme un adversaire de nature militaire. Le pouvoir pousse le peuple à bout, et met la police devant, à supporter tous les risques. Il faut commencer par une désescalade de ces affrontements, car la police a déjà fort à faire avec la lutte contre les délinquances au quotidien. Désamorcer les manifestations en réglant les problèmes avant que la situation ne dégénère, c'est protéger les policiers. La manifestation syndicale sans violence contre la réforme des retraites prouve l'importance des corps intermédiaires dans l'équilibre d'une société, et par là même, il y a une grave faute à les affaiblir ou les dénigrer. S'il n'y a plus de conflits sociaux non résolus, il n'y aura plus de protestations, et donc plus de police exposée à la violence, plus d'entreprises anxieuses pour leur fonctionnement, plus d'image de la France abîmée.

Une Nation est comme une famille. Dès la naissance, nous avons un « Nous » avec l'amour familial. Sans cette sécurité de base, l'enfant souffre et ne peut se développer harmonieusement. De même, un enfant élevé sans bienveillance ou confiance, mais exclusivement dans le punitif, garde de graves carences.

Ne pas isoler

Je voudrais prolonger ce parallèle entre la politique positive et l'amour éducatif: la recherche de compréhension et le besoin de partage. Regarder ensemble quelque chose de beau, s'émerveiller, partager une émotion culturelle ou esthétique relient les êtres entre eux, tout le contraire du punitif ou du chiffre. C'est indispensable à la bonne santé d'une société.

La politique doit prendre d'autant plus en compte ces besoins profonds que dans l'actualité les menaces sont omniprésentes: les guerres, la crise climatique et ses catastrophes nationales et internationales, les fanatismes et les terrorismes, les atroces faits divers et les violences faites aux femmes et aux petites filles.

La façon la plus efficace de refouler les angoisses, c'est l'affection, l'amour et la communauté par opposition à l'isolement. Une politique punitive qui pousse à l'isolement produit une régression de la société ainsi qu'un effondrement des capacités de résilience, contre lesquels, par intuition défensive, les citoyens se soulèvent. C'est en réaction aux décisions brutales ou injustes que naissent des mouvements collectifs : taxe carbone et gilets jaunes ; vie chère et manifestations ; inaction climatique et mobilisation ; hégémonie de la finance qui pousse à la réduction des services publics et des retraites, et à toutes ces protestations. Cette production de collectifs, ces rassemblements, ne sont pas seulement motivés pour s'opposer à telle ou telle décision, mais aussi pour fraterniser comme pour se rassurer de n'être pas le seul à souffrir ou à trouver révoltante telle ou telle décision ou non-décision. Toute l'Europe est aujourd'hui concernée par ces mouvements, mais l'on voit bien dans la comparaison des reportages que la France est le pays où paradoxalement le maintien de l'ordre brutal est allé de pair avec le plus de dégâts humains tant sur les manifestants que sur les policiers. Avec toutefois une nette amélioration depuis le changement du préfet de police de Paris qui avait résumé l'agressivité dangereuse en s'adressant à une manifestante matraquée : « Nous ne sommes pas dans le même camp. » Alors qu'il est là pour garantir la liberté constitutionnelle de manifester. Il était sorti de la République.

On comprend ce qu'est l'humanisme quand il disparaît

Si la politique veut rendre service ou être serviable, alors elle doit être capable de définir – j'hésite à le dire, tant ce mot a été galvaudé – un nouvel humanisme. Oui, ce mot a été tellement instrumentalisé. Combien de fois ai-je observé qu'il remplissait les discours de ceux qui n'avaient rien à dire et qui ne savaient même pas ce que ce mot voulait dire. Mais l'incantation ne le fait pas revenir...

En fait, on comprend ce qu'est l'humanisme quand il disparaît. Par exemple pendant le confinement, comme une vague au loin qui brusquement déferle et se fracasse. Et nous fait suffoquer. L'incapacité à mettre de l'humain dans la comptabilité mortifère, et l'accumulation exclusive de mauvaises nouvelles. Est-ce tel ou tel cabinet de conseil privé qui a conseillé la gestion de la crise par la peur plutôt que par la confiance pour mieux asservir, étouffer les contestations et même les questions ? Cette instruction entendue – le micro d'une conférence de presse déjà branché à l'insu d'une autorité administrative intimant l'ordre à ses collaborateurs : « Il faut dramatiser la situation » – a révélé cette technique pernicieuse, là où l'humanisme, le respect de l'humain, aurait dû au contraire conduire à recommander : « Il faut dire la vérité et expliquer pourquoi on demande d'agir de telle façon. » Et avoir le courage de dire quand on ne sait pas ou quand on expérimente avec vigilance pour se réadapter. L'humanisme, c'est réussir à créer une adhésion par la confiance, pas par la violence. C'est le ressort même de l'éducation : un jeune va réussir par la confiance, en lui-même et dans les adultes qui le guident, pas par la violence ou le dénigrement. Il en va de même des peuples.

Cette gestion des problèmes par la peur pour obtenir le silence et l'obéissance, ce qu'Edgar Morin appelle « le totalitarisme technique et financier », qui se traduit par la communication des chiffres, a en effet atteint son paroxysme dans la funèbre comptabilisation du nombre de morts quotidiens (jamais du nombre de guéris) que l'on nous a infligée pendant toute la durée de la crise sanitaire. La systématisation des tests a forcément entraîné une hausse des cas positifs, mais à aucun moment l'explosion du nombre de cas n'a été présentée en proportion du nombre de tests. Pour renforcer la peur, donc la servilité. Il en résulte une perte de confiance, très préjudiciable à l'efficacité d'une société. La perte de confiance est liée à la perte de vérité. Et produit de l'incrédulité puis de la défiance. Si le discours politique n'est plus « aidant », alors il n'est plus audible. Mais ce n'est pas le peuple qui est crédule, c'est l'absence de cohérence et de service rendu qui produit cette méfiance. Sur laquelle l'étiquette de « complotiste » est vite plaquée pour n'avoir pas à répondre de ses actes et de ses choix.

Lorsqu'un pouvoir use de la peur, c'est qu'au fond il se sait démuni et vulnérable

Il croit s'accorder un répit et réduire au silence les contestations, mais c'est provisoire. Il se prive de la force d'une intelligence collective et de l'énergie de l'adhésion à l'action. C'est comme pour une maladie. Si vous la subissez dans la menace de son danger et des douleurs qu'elle vous impose, vous dépérissez plus vite que lorsque votre énergie positive contribue à la dédramatiser pour mieux la combattre.

Mais existe-t-il un espoir pour les nouvelles générations d'échapper à l'effondrement d'un modèle humaniste ? Construire cet espoir constitue le défi et l'obligation morale des générations en charge de l'action publique aujourd'hui. De même que semer les idées pour y contribuer.

C'est le sens de ce livre et de mes prises de parole. Continuer à partager ce que l'expérience m'a enseigné. Comme d'autres, j'ai vécu des périodes où les idées neuves avancées étaient considérées comme déviantes jusqu'à ce qu'elles soient, après la phase de dénigrement, ignorées puis récupérées. Mais comme je l'ai toujours fait, je continuerai inlassablement à soumettre au débat les suggestions ou les propositions que je crois justes.

C'est là très précisément la dimension du service sans lequel le débat public est monopolisé par tous ceux qui entendent soumettre l'autre.

Nous connaissons tous des responsables politiques qui s'emploient à dominer le débat plutôt qu'à le servir. Qu'ils soient conservateurs ou progressistes, il faut toujours qu'ils soient les seuls légitimes à dénoncer, les seuls crédibles pour proposer, pour apparaître comme les seuls capables de prendre le pouvoir.

Il en va en effet de l'esprit de domination dans le débat public comme des violences conjugales dans la sphère privée : elles sont détestables pour ce qu'elles sont, sans que la personnalité ou la générosité des idées de leur auteur, puisse servir de circonstance atténuante.

En rupture avec cet âge de la domination en politique, je crois venu le temps pour tous ceux qui entendent peser sur le débat public de commencer par se faire les serviteurs de ce débat, pour permettre qu'émerge, au travers de la conversation comme de la controverse, une orientation, un consensus ou même une simple espérance qui appellent au bien commun. En gardant une liberté d'opinion absolue.

Parce que le service est le premier critère d'une fidélité en acte, je crois qu'il peut utilement inspirer la politique à toutes les étapes et dans tous ses états, de la conception d'une idée à sa formulation, d'une proposition à sa discussion, de la conception d'une loi à son application.

Car servir le débat, servir le peuple et servir la planète sont un seul et même service, qui prend sa source dans un seul et même amour.

Chapitre 3

L'amour ne jalouse pas. La politique ne doit pas jalouser.

« Mais qui va garder les enfants ? » Je n'avais pas mesuré, à ce moment-là, le ressort profond de jalousie de cette attaque, lorsque j'ai été candidate à la présidentielle.

Ce n'était pas anecdotique. Par le truchement d'une violente contestation de compétence (le renvoi aux tâches domestiques, s'occuper des enfants), c'était la contestation d'une intrusion dans un monde censé être réservé aux hommes. Le simple fait pour une femme d'oser y pénétrer réveillait une hargne chez ceux qui pensent que la compétition est déjà assez rude entre hommes pour ne pas en ajouter. Et puisque les femmes ont le pouvoir (qu'ils n'ont pas) de mettre au monde les enfants, qu'elles s'en contentent.

En démocratie, la politique est une compétition puisqu'elle implique une campagne électorale et un choix des électeurs. Mais contrairement au sport qui a des règles et des arbitres en continu, la compétition politique permet les tricheries et les vilenies. Car elles ne se voient pas ou pas toujours.

En tout cas cette compétition peut être féroce et, si la politique a été longtemps sexiste, c'est parce que la présence de femmes augmente la compétition. Et même si cette situation s'est vraiment améliorée de nos jours, elles sont encore considérées comme des intruses. Il suffit de voir leur faible représentation au G7, au G20 et sur la photo de famille européenne et surtout mondiale. Sur 180 chefs d'État dans le monde, il n'y a qu'une dizaine de femmes seulement. Antoinette Fouque, fondatrice de la Librairie des femmes, nous avait livré une explication implacable dans sa vérité : « Le mal qui frappe l'humanité, c'est que, représentée par les seuls hommes, elle s'est amputée de la moitié de l'espèce humaine. Je mets à l'origine de cette violence contre les femmes l'envie d'utérus. Bien plus puissante que l'envie de pénis martelée par Freud, c'est elle qui fonde la misogynie, l'envie du mâle devant la capacité procréatrice des femmes, qu'il détourne, exproprie, exploite. »

La jalousie entre les hommes est également particulièrement féroce, une fois réussie leur coalition pour éliminer les femmes. Les citoyens s'en rendent compte. Y compris au sein d'un même parti : mais s'ils ne s'aiment pas entre eux, se disent les gens, comment peuvent-ils prétendre qu'ils nous aiment ?

Compte tenu de tout cela, est-il permis de dire dans un discours politique : « Aimez-vous les uns les autres », comme je le fis au grand meeting du stade Charléty, déclenchant les ricanements de certaines élites ?

Certains s'en offusqueront au nom de la laïcité. Et pourtant cet appel à l'amour est inscrit dans notre devise républicaine : la fraternité ! Beaucoup moins, il est vrai, dans les paroles de notre hymne national qui avaient du sens à l'époque, mais pour lequel de nombreux enseignants, en s'adressant à la ministre de l'enseignement scolaire que j'étais, confiaient leur difficulté d'expliquer et de faire aimer ces paroles qui, dans les temps présents, mériteraient sans doute d'être repensées sans tabou, avec *ses étendards sanglants élevés, ses égorgements de fils et de compagnes, et son sang impur abreuvant les sillons*… À comparer aux paroles de la plupart des autres hymnes nationaux faits de courage, de bonheur, de progrès, de respect, de justice, d'efforts, d'amour de leur pays, etc. Pour que cet hymne entraîne et transporte dans un élan national compris et positif, et que tous les jeunes avides de valeurs de fraternité et de paix, et tous ceux aussi, jeunes Français issus de l'immigration ou des anciennes colonies où le sang a été effectivement versé dans les sillons, puissent se retrouver dans un hymne qui les rassemble et les emporte dans la joie et le respect de la Nation.

Aimer l'autre comme nous-mêmes ?

On peut même aller plus loin au cœur de la fraternité républicaine qui fait écho, pourquoi ne pas l'admettre, à un enseignement judéo-chrétien : « Aime ton prochain comme toi-même. » En lisant cette phrase, on sait d'emblée que ce n'est pas réaliste : nous n'aimons pas l'autre comme nous-même. Sauf peut-être lors d'instants d'émotions artistiques ou sportives partagées : la foule d'un match ou d'un concert qui nous emporte, emporte aussi l'amour du prochain qui regarde dans la même direction et vibre du même tempo.

Que dire aussi de tous les cas où ce « prochain » est l'étranger, le dissemblable, le lointain ? Il est déjà difficile d'aimer ceux qui nous ressemblent !

Il faut un effort pour aller vers l'autre et se dire qu'il vaut autant que soi. C'est bien ce qui explique qu'il est beaucoup plus difficile d'aller vers la paix que vers la guerre, vers la réconciliation plutôt que vers la haine. C'est plus grégaire, pulsionnel, sans avoir besoin d'argumenter. Plus protecteur quand on rejoint le camp des cris de guerre.

Il faut une force morale hors du commun, car cette attitude d'aller vers l'autre suppose d'être capable d'aller vers ses ennemis pour faire la paix. La haine envers ses ennemis est logique, que seul un effort immense peut surmonter.

C'est pourquoi les guerres durent si longtemps, faisant le malheur des peuples. Et c'est aussi pourquoi, sans médiation, il est impossible aux ennemis de se parler.

C'est ce que nous enseigne Nelson Mandela avec cette incroyable force morale malgré vingt-cinq ans de captivité, et qui va même au-delà du pardon, au-delà de la réconciliation, puisqu'il va faire de son ennemi son « associé » ! « Pour faire la paix avec un ennemi, on doit travailler avec cet ennemi, et cet ennemi devient votre associé », dit-il.

Cela vaut pour les guerres d'aujourd'hui. En appui de la volonté des peuples de vivre en paix, il faut des êtres supérieurs en force morale, capables de construire une médiation. Un travail à partir d'un tout petit point commun pour construire une compréhension et surtout la capacité à effacer sa soif d'en découdre à n'importe quel prix, pour ne pas perdre la face. C'est toute l'histoire des relations sociales aussi entre le choix de la répression qui prépare les explosions à suivre et les médiations qui construisent des paix d'autant plus durables que les solutions sont co-construites, une façon presque physique de faire reculer les haines. « Si la haine est naturelle, écrit la philosophe Simone Weil dans ce merveilleux livre *L'enracinement*, alors il faut quelque chose de plus fort et plus grand que nous pour la dépasser. » Elle explique qu'il y a un pacifisme saint qui est celui qui refuse de tuer et un pacifisme criminel, celui qui refuse de mourir.

Et si l'on part du postulat que les familles préfèrent la paix pour vivre, c'est donc une volonté universelle qui dérange les lobbies de la guerre liés au fructueux commerce des armes au point qu'ont été produits des concepts aussi absurdes que : « Si tu veux la paix, prépare la guerre. » Qui n'est pas très loin du : « Bats ta femme, si tu ne sais pas pourquoi, elle, elle le sait. » Autrement dit une pathétique pirouette pour dédouaner tout choix de refuser de faire un effort vers la paix.

Car le choix de la paix n'est pas le pacifisme béat ou le choix de l'injustice. C'est au-dessus, quelque chose qui rejoint le sublime constat de

Nelson Mandela sur la réconciliation : ils l'ont fait, parce qu'ils ne savaient pas que c'était impossible.

Et pour que la haine ne revienne pas, il faut une solution politique, des institutions morales, car la défense des droits humains ne va pas de soi. Pour construire les déclarations des droits humains, à l'ONU et dans les conventions internationales, il a fallu compter sur des hommes et des femmes capables de se dépasser pour s'arracher au-dessus de leur condition et travailler de façon austère et méthodique. Sans même espérer laisser leur nom à la postérité. Contrairement aux chefs de guerre qui ont pour la plupart leurs rues et leurs avenues.

La loi est parfois venue appuyer les efforts de non-violence : elle condamne l'incitation à la haine. À défaut d'amour et de fraternité, nous avons la loi. À défaut de nous aimer les uns les autres, respectons-nous, dit la loi. Pour aller plus haut, il faut un destin. Ou une éducation.

Avoir l'estime de soi

Si un pouvoir politique vous précarise, vous humilie, vous déstabilise, menace vos acquis sociaux, abaisse votre niveau d'accès aux soins ou le niveau d'éducation de vos enfants, tout ce qui est le patrimoine de ceux qui n'en ont pas ou qui en ont peu, alors vous perdez l'estime de vous-mêmes. Celui qui perd l'estime de lui-même, ne peut aimer l'autre ou même penser à le respecter. Alors la société se délite et les détenteurs du pouvoir ont réussi à diviser pour régner ; à épuiser les velléités de résistance. Par exemple, la sempiternelle réforme des retraites est vécue comme du harcèlement moral, d'autant plus intensément qu'elle se cumule avec la crise de l'inflation et qu'à chaque réforme des retraites on proclame que c'est la dernière ! C'est le discours qui nous a été servi contre les régimes spéciaux de retraite pour souligner « qu'il n'est pas juste que le chauffeur de train ait une meilleure retraite que le chauffeur de bus ». Comme s'il n'y avait pas d'injustices plus flagrantes à combattre ! Pendant que les conducteurs se battent entre eux, les actionnaires des compagnies d'assurance sur le marché des retraites privées peuvent se frotter les mains. Et les menaces répétées sur la « faillite » de la Sécurité sociale ne passent plus face à l'enrichissement provocateur des profiteurs de crise.

Diviser pour régner

La mauvaise politique cherche à diviser pour régner, c'est-à-dire faire la société à son image, une société de jaloux. Mais en faisant cela, elle se fait du tort, car l'aspiration profonde des gens, c'est d'être unis, et donc d'être encouragés à s'unir et non pas se voir inoculer le poison de la division. En étant incités à jalouser notre voisin, on finit par haïr celui qui nous a poussés dans cette situation. Alors que l'amour, c'est le contraire : c'est l'union. Donc la bonne politique incite à l'unité, mais en vraies actions, pas en discours. Et cette unité se forge par la juste répartition des ressources en fonction des efforts, la capacité à corriger en continu les trajectoires indues ou les stratégies prédatrices de tel ou tel groupe ou individu. C'est la démonstration concrète de cette capacité qui forge l'unité nationale, la motivation individuelle à fournir des efforts, et même la disposition à accepter les imperfections ou les erreurs de ceux qui gouvernent.

L'autre désunion qui a nui et nuit encore à la politique, c'est celle qui a éliminé les femmes. C'est un déséquilibre permanent que l'on subit, fait de violences, de guerre, de négligence à l'égard des métiers et des enjeux de la vie. Et de destruction de la planète. La motivation de cette destruction étant toujours d'ordre économique et financier. La planète considérée comme un bien gratuit, comme le travail sous-payé de la femme est une proie dont on peut se servir.

Terre-mère : attaquer la planète, c'est attaquer le lien sacré avec la mère. Donc hommage aux militants qui y consacrent de l'énergie et du temps, même maladroitement. Que ceux qui s'indignent de ces actions, s'indignent davantage des agressions contre leur mère… planète.

La prise en considération de la préoccupation environnementale dans les politiques publiques et son intégration systématique dans les objectifs, même fragile parfois, est le signe optimiste que la politique peut changer en mieux. La protection de la nature et du vivant, humains, animaux, plantes, produit forcément de l'amour et en utilise pour agir. Il faut juste veiller à ce qu'il n'y ait pas de régression, de faux-semblants ou de prédateurs opportunistes sur ce nouveau créneau de développement économique.

Non au dénigrement

À l'heure de l'urgence écologique, la politique ne peut pas se permettre d'engager la moindre parcelle de son énergie dans tout ce qui dénigre, détériore et détruit. Il est en effet évident à mes yeux que les sentiments qui inspirent les gouvernants se communiquent, au travers de leurs politiques, à la planète en général et à leur pays en particulier. Quelle que soit la générosité de leur vision pour la France, tous ceux qu'animent la jalousie ou l'envie finiront toujours par lui faire mal, car la jalousie conduit au dénigrement, et le dénigrement à l'affaiblissement du contrat social.

Tout se passe comme si la jalousie rendait étroits les esprits et les cœurs, comme elle épuise la planète elle-même, dans un processus où dénigrement et dégradation sont intimement liés.

À cette jalousie, je ne connais qu'un seul remède : une bienveillance clairvoyante qui n'ignore ni les défauts des uns et des autres, ni les difficultés objectives auxquelles sont confrontées nos sociétés, mais qui s'attache à changer le monde là où il peut l'être, plutôt qu'à se partager l'héritage dans le dos du malade agonisant.

Rien n'est plus difficile pour un responsable politique, confronté en permanence à l'adversité, que d'atteindre cette forme de bienveillance et surtout de s'y maintenir !

Pour ma part, j'ai toujours recouru à des modèles de cette bienveillance lucide pour me sortir des eaux troubles de l'amertume et de l'envie. L'admiration n'est-elle pas l'exact opposé de la jalousie ? J'ai remarqué à de nombreuses reprises que dès que je croisais une personne admirable, mon regard sur le monde s'éclaircissait.

Alors plutôt que d'envier, admirons : nos grands anciens et nos jeunes, les gens exceptionnels connus de tous ou de quelques-uns, les héros du quotidien, les gens de bien… Tous ceux qui savent nous inspirer cet amour de la vie qui se décline en fraternité et se trouve au fondement de toute écologie pérenne.

C'est en pensant à eux que j'ose espérer que la politique se mette à l'école de l'amour, en commençant par admirer ce peuple qu'elle aspire à protéger.

Chapitre 4

L'amour ne se vante pas.
La politique doit se guérir de l'ego.

J'ai observé qu'il y a deux raisons et deux façons de s'engager en politique : chercher le pouvoir pour le pouvoir en gagnant une compétition, ou chercher le pouvoir pour une morale de l'action qui fera progresser le genre humain et le bonheur des gens. J'ai constaté que les plus doués pour gagner la bagarre de la compétition n'étaient pas les plus efficaces au pouvoir. La conquête les intéresse plus que l'action. Tout l'enjeu, c'est la capacité de passer du "je" au "nous". Du "moi" au "ensemble".

À cause de l'ego, la politique ne voit pas venir la déception

L'ego est source de bien des maux mais il se soigne difficilement. Car l'activité politique, si l'on n'y prend garde, suppose un ego surdimensionné et conduit à plus d'ego encore. Pourquoi ? C'est sans doute parce que j'en ai été consciente – en observant silencieusement les cercles du pouvoir pendant sept années avant d'accéder aux responsabilités législatives et ministérielles – que je m'en suis protégée. Et que j'ai gardé ma capacité d'écoute et d'intuition. J'ai vu comment les attentes bienveillantes à l'égard d'un nouvel élu pouvaient se transformer en haine, résultat d'une confiance ou d'un amour trahi. Un vote est comme une déclaration, c'est un don. À chaque fois que j'ai attendu le résultat d'un vote, députée, présidente de région, je me suis toujours dit : mais pourquoi des centaines de milliers de personnes sortent-elles de chez elles pour venir dans une file d'attente et mettre un bulletin dans une urne ? J'ai toujours pensé que c'était un cadeau précieux mais fragile. Cet effort, c'est une demande de considération et d'amour. Et la déception fera place à la colère, ou à l'abstention qui est une autre forme de désamour.

Le paradoxe que j'ai observé et analysé au cours de ces années de vie politique, le voici : la politique, c'est le service des autres, qui suppose l'abnégation, le sacrifice du temps libre, l'écoute, l'empathie ; c'est-à-dire tout le contraire de l'ego : la suffisance, l'autocélébration, la surdité à l'égard des nuances, le complexe de supériorité, le refus d'être évalué, la jalousie, la compétition et, dans le pire des cas, le mensonge, l'entourloupe, l'abandon des causes justes parce que non rentables, et en fin de compte l'oubli du pourquoi et du comment, sauf de la prochaine élection.

Comment ce narcissisme, certes dû parfois à une forme de fragilité des acquis politiques, peut-il s'effacer pour se recentrer sur le bien-agir ?

Les atterrissages post-ministériels sont parfois brusques, et il faut une forme d'autodérision pour les dépasser, comme le disait avec humour une ministre sortie du gouvernement : « Je me suis rendu compte que je n'étais plus ministre lorsque je me suis assise à l'arrière d'une voiture et qu'elle n'a pas démarré ».

L'antidote à l'ego est d'admettre que l'autre n'est pas nous

Ça paraît simple, voire assez fruste de dire cela. Admettre que l'autre n'est pas nous. Au contraire, je trouve que c'est une idée puissante :

c'est l'idée que lorsque nous aimons quelqu'un, il est et agit comme cela nous convient, alors même… qu'il ne sait pas ce qui nous convient. Et réciproquement, nous ne savons pas ce qui lui convient et nous ne lui demandons pas. Comme si le fait d'aimer, donc d'avoir quelque chose de semblable, permettait d'ignorer le dissemblable. En fait, c'est, sans en être conscient, s'aimer soi-même dans le miroir de l'autre.

Eh bien, c'est pareil pour la politique. Le manque de respect, c'est s'aimer soi-même dans le miroir de la société. Et, en plus, une société pensée non pas comme elle est, mais comme les politiques voudraient qu'elle soit. Là se trouve la principale raison de leurs erreurs. Et de leurs revers. Il faut laisser à chaque groupe la possibilité de choisir son utopie réalisable. Non pas penser tout à la place de tous. J'ai appris cela de mes risques d'erreurs, rapidement rectifiés, en m'appliquant des leçons d'humilité. Il est vrai que la tendance à formuler les problèmes par des repères arithmétiques, des chiffres et des moyennes tend à effacer les nuances et le sens du relatif qui donnent de l'humilité.

L'autre est rassurant quand il pense comme nous et qu'il a les mêmes référents. Comme l'écrit Hannah Arendt, « le grand isolement c'est de vous entourer de personnes qui pensent comme vous. »

C'est ça le danger : s'entourer de gens qui vous ressemblent au lieu de construire des équipes très diversifiées, plus compliquées, mais tellement plus créatives et nuancées ! Si l'on n'y prend garde, on voudrait que les autres soient notre prolongement. Et on pense même que leur raisonnement est le même que le nôtre.

Accepter l'émancipation

Comme nos enfants quand ils sont petits, pleins d'amour et de confiance, et qu'ils dépendent entièrement de nous, comme notre prolongement délicieux et fusionnel. Puis ils deviennent « eux ». Et là, il y a plusieurs chemins pour la parentalité : soit un délitement du lien parce que « je ne le comprends plus », c'est-à-dire « je n'accepte pas que cet autre que moi qui fut moi, soit tellement différent de moi ! » Soit une acceptation heureuse d'une émancipation pour que ce moi-même qui devient autre, devienne lui-même avec les reflets des valeurs transmises et la confiance en soi qui lui permet de forger son identité. Plus la réussite de cette conquête de leurs différences se réalise, plus on est heureux. Avec la bonne distance à trouver pour que la transmission soit aussi un effacement. J'avoue que mon plus grand bonheur avec mes quatre enfants – qui le restent alors qu'ils sont devenus eux-mêmes –, c'est d'avoir réussi ce chemin malgré les charges de l'action politique.

Mais c'est auprès des plus démunis que l'on apprend l'humilité. Au contact des femmes d'Afrique rencontrées à la COP21 et qui m'ont demandé de les aider à ne plus accoucher dans l'obscurité totale. Nous avons créé ensemble Désirs d'Avenir pour la planète, et à ce jour, équipé une trentaine de maternités de brousse en énergie solaire. À chaque fois, ce bonheur d'accoucher dans la lumière est une émotion renouvelée, et rend tellement humble devant un besoin tellement évident, à la fois modeste et immense.

Ne nous leurrons pas : un homme politique est toujours tenté de « se gonfler d'orgueil » alors que son proche environnement l'admire ou le flatte, et qu'il lui a fallu un certain niveau d'auto-célébration pour en arriver là. La pression croisée des médias traditionnels et des réseaux sociaux a rendu plus funeste encore cette ancestrale tendance qui voit les titulaires du pouvoir, même les plus idéalistes, finir par « s'enfler d'orgueil », notamment en se croyant indispensables à la marche du monde.

Face à cette tentation, je ne connais qu'un antidote : la vie quotidienne, prise dans sa dimension la plus humble, qui implique toujours une forme d'atterrissage sur la terre ferme. C'est plus difficile pour ceux qui n'ont jamais été confrontés, au cours de leur enfance ou plus tard, au manque, à la précarité, à l'angoisse des fins de mois. Ou même à l'obligation de fait de contrôler ses factures parce que le budget est ric-rac.

Il y a aussi l'amour et le soin prodigués chaque jour à un enfant ; cela ne laisse aucune place à l'orgueil. Que reste-t-il de cet orgueil quand l'attention est captée par le bien-être de sa famille, de son couple et de ses enfants ? Quand on supporte sans s'en plaindre cette « charge mentale » dont tant d'hommes qui ne s'occupent que d'eux-mêmes en priorité n'ont pas la moindre idée ?

Ne rien attendre en retour

C'est le genre d'énergie que connaissent bien toutes celles qui s'engagent bénévolement au service des autres sans rien attendre en retour. C'est l'énergie de ceux qui donnent, et elle est infiniment plus puissante, plus féconde et plus rayonnante que celle de ceux qui prennent.

C'est vers cette énergie que j'appelle les responsables politiques à se tourner. L'altruisme est à l'orgueil ce que les énergies renouvelables sont aux énergies fossiles : peu de choses aux yeux des prédateurs, tout aux yeux de ceux qui désirent bâtir un avenir commun enviable pour le plus grand nombre.

Finalement, ce qui enfle d'orgueil est ce qui aurait dû être partagé, en vertu du bel adage selon lequel « on ne sauve que ce que l'on donne ». Et cette vérité vaut autant pour les civilisations et les États que pour les personnes. La véritable naïveté se situe dès lors du côté de ces orgueilleux qui confondent enflure et croissance, précipitant la planète dans leur fuite en avant personnelle et politique. Et le véritable pragmatisme, à l'inverse, est le trésor de ceux qui, ayant compris tout ce qu'ils avaient en commun, s'attachent humblement à le partager.

Chapitre 5

L'amour ne fait rien d'inconvenant. La politique doit cesser de manquer de respect.

On pourrait dire que ce qui est inconvenant, c'est quand le politique est amoureux du pouvoir au lieu de l'être du pays. Il faut choisir entre l'un et l'autre : aimer le pouvoir ou aimer ceux qui nous l'ont confié.

La politique est inconvenante lorsque son langage commence à l'être. La meilleure façon d'être convenable, c'est de connaître et de respecter son interlocuteur. On parle avec réserve et pudeur devant un jeune enfant. On ne brusque pas une personne fragile. C'est ça être convenable. En lien avec l'ordre juste et le respect.

Sans pouvoir mettre de mots sur leurs attentes à cet égard, les citoyens savent quand leurs représentants manquent à leur devoir : la politique est inconvenante quand elle est malhonnête, quand elle ment, quand elle fait peur, quand elle regarde ailleurs. Et ce qui est nouveau : quand les comportements privés ne sont pas en adéquation avec le discours désormais affiché par tous les partis sur le respects des femmes.

La politique est inconvenante avec l'affaissement progressif de l'État et des services publics, lorsqu'elle paraît impuissante à dominer le pouvoir financier insolent et de plus en plus arrogant.

Revenons à Stéphane Hessel, et à sa leçon de ce que sont la pensée et l'action respectueuses, qui cherchait la cause des reculs sociaux et dénonçait le fait que « le pouvoir de l'argent, tellement combattu par la Résistance, n'a jamais été aussi grand, insolent, égoïste, avec ses propres serviteurs jusque dans les plus hautes sphères de l'État. L'écart entre les plus pauvres et les plus riches n'a jamais été aussi grand, insolent. »

Le creusement des inégalités est inconvenant

Personne ne peut nier que, depuis lors, cet écart n'a cessé de se creuser. Ces inégalités sont inconvenantes. Au sein des pays riches, et entre pays riches et pauvres à l'échelle mondiale. Mais face à cette évidence, ce qui frappe, c'est l'inertie. Et l'inertie conduit à une dangereuse indifférence parce qu'il n'y a plus de capacité de sursaut.

Tout comme l'accumulation des crises. C'est l'épuisement psychologique et moral qui conduit à l'indifférence. Les chocs sociaux, les réformes trop brutales, les peurs liées aux incertitudes de toute nature, menacent la capacité de résistance. Cette accumulation rend plus difficile la résilience, c'est-à-dire la capacité à retrouver un équilibre après les chocs. Ceux-ci ont le même impact qu'un harcèlement moral. Une conduite abusive qui, par des gestes, paroles, attitudes répétées, amène à dégrader les conditions de vie ou de travail de la victime. Pour tuer toute velléité de révolte et pousser dans l'inertie et l'indifférence.

Comme l'écrivait si bien Antonio Gramsci : « L'indifférence est le poids mort de l'histoire. [...] C'est la matière inerte où se noient souvent les enthousiasmes les plus resplendissants. [...] Elle est la fatalité [...] ; elle est ce qui bouleverse les programmes, ce qui renverse les plans les mieux établis ; elle est la matière brute, rebelle à l'intelligence qu'elle étouffe. »

Ce qui est également inconvenant aujourd'hui, c'est de ne pas avoir empêché l'agression russe et la guerre en Europe. N'avoir pas pu imposer une médiation dès les premiers jours. Ni anticiper le règlement d'un problème de frontières livrées à la guerre depuis 2014. Ni empêcher l'agression de l'Ukraine par la Russie en déployant des forces d'interposition.

Le monde entier, et en particulier les pays émergents, découvre, médusé et en colère, les milliards qui arrivent pour les armes alors qu'ils étaient introuvables pour lutter contre les désastres du dérèglement climatique, contre la misère, contre le manque d'écoles, ou encore pour l'énergie, l'agriculture et l'industrie, et donc contre les migrations massives, générant conflits armés et terrorisme.

L'influence de l'Europe recule, car elle n'a pas su empêcher un conflit de frontières sur son sol. Et pas pu maîtriser les conséquences désastreuses de ce conflit sur le continent africain : besoins alimentaires et déstabilisation d'économies déjà fragiles.

Il n'est pas trop tard pour se ressaisir et terminer cette guerre en pensant aux aspirations des peuples.

Le constat que posait Hannah Arendt en 1958 dans *The human condition,* après l'explosion de la bombe atomique de 1957, est plus que jamais d'actualité : « Désormais l'humain peut entièrement s'autodétruire. » Et son interrogation centrale également, puisque la guerre est la pire action que le genre humain se fait à lui-même : « Qu'est-ce que la condition humaine ? Comment la pense-t-on ? Qu'en fait-on ? » Il y a trois activités humaines, dit-elle : le travail, la création, l'action. Et trois activités cérébrales : le savoir, la pensée, le jugement.

Travail, création, action. Savoir, pensée, jugement

Cet énoncé d'Hannah Arendt est tellement lumineux. Il inspire mon expérience politique et éclaire le sens des actions politiques qui réussissent. Le plus facile, c'est de comprendre que la politique c'est l'action. Mais s'il manque les deux autres : la création et le travail, alors la politique échoue. Autrement dit, sans imagination, vision, créativité, (la création) et sans attention besogneuse à la construction des solutions et à l'écoute (le travail), la politique échoue.

On peut aussi considérer que le travail, c'est la vie quotidienne, l'œuvre, c'est le monde et l'action, c'est la relation entre les personnes. Et de ce point de vue, la politique doit se maîtriser. Car l'histoire a montré que l'on peut faire faire n'importe quoi aux êtres humains en raison de leur malléabilité.

Des pouvoirs immatures

C'est ce qui s'est passé pendant le confinement avec, dans de nombreux pays, des pouvoirs souvent immatures, grisés de découvrir la capacité d'imposer n'importe quoi, et d'obtenir l'obéissance par la sanction : les exemples les plus flagrants sont sans doute les contrôles de police dans les salles de cinéma ; l'interdiction des espaces verts et des plages entraînant prétendument plus de contamination que dans les espaces clos, alors que c'est scientifiquement l'inverse ; les rayons de livres dans les grandes surfaces sous plastique ainsi que la fermeture des librairies et bibliothèques considérées comme nourritures non essentielles, au pays de Voltaire et de Victor Hugo, alors que dans les hangars d'Amazon il y avait des salariés pour mettre les livres sous carton ; les fermetures d'écoles alors qu'il y a moins de Covid chez les enfants que de grippe ou de gastro. Le contrôle des caddies pour voir si tout était essentiel ; les pass sanitaires dont on nous avait promis que jamais ils ne seraient imposés, etc.

Il y a toujours une alternative

La nature humaine est conditionnée et si l'on pense que l'on ne peut pas agir autrement, c'est que l'on a oublié que l'on pouvait agir. Donc il faut refuser tout fatalisme et toute idée imposée selon laquelle il n'y a pas d'alternative. J'ai constaté qu'il y a toujours une alternative. Toujours. Avec de l'imagination, de la créativité et de l'écoute.

L'opposition entre le monde d'avant et celui d'après n'est-elle pas étrange ? Cette opposition oublie le monde commun, celui qui nous accueille à notre naissance et que nous laissons derrière nous en mourant. C'est ce que nous avons en commun avec nos contemporains, mais aussi avec ceux qui sont passés et ceux qui viendront après nous. En fait, rejeter le monde d'avant est dangereux pour ceux-là mêmes qui théorisent cet état des lieux ! Car ils disparaîtront quand leur monde redeviendra celui d'avant. Alors comment expliquer cette sorte d'imprudence ? Au moins par deux raisons : l'idéologie libérale tout d'abord, qui n'a que faire du passé et de l'histoire puisque c'est dans le temps présent qu'il faut rentabiliser au maximum. Et ensuite, le mépris de l'expérience qui provoque cette fébrilité acharnée à détruire, sans réfléchir, tout ce qui s'est fait avant, aveuglément et sans discernement. Sans même entendre ou voir les épreuves ou les souffrances ainsi provoquées. Fusion des régions. Maltraitance territoriale. Fusions tous azimuts d'ailleurs absurdes (fusions acquisitions ?).

Il est possible de faire autrement. Tout devrait être analysé maintenant pour ne pas reproduire les mêmes erreurs en cas de nouvelle pandémie. Il n'y a pas eu de bilan critique tiré de la gestion de la pandémie. Ni des évolutions qu'elle a provoquées. Pour savoir quoi garder et quoi modifier. Ne pas s'en remettre à l'avis d'experts, mais associer les forces vives aux décisions. Ne pas décréter le bien des gens contre leur gré. Ne pas regarder le bonheur comme un luxe ou la revendication comme un abus. Remplacer l'arrogance par l'humilité et par la capacité à admettre des erreurs et à les rectifier. Cesser de pratiquer le mensonge en croyant qu'il protège le pouvoir alors qu'en réalité il sape sa crédibilité.

L'intranquillité, ce mal si destructeur

Les changements permanents, les « réformes » incessantes, les menaces de « faillite » de la Sécurité sociale, les morts dans les couloirs des urgences faute de personnels et de lits promis, les hausses de prix sans freins, les enseignants recutés en

« speed dating », tout cela pêle-mêle plonge dans les inquiétudes.

L'intranquillité est le mal pernicieux de notre époque, ce stress de plus en plus vécu par les humains aussi bien que par la nature, par tout le monde du vivant, en somme. Nos sociétés sont devenues de plus en plus intranquilles et elles développent des symptômes liés à cette évolution.

Car l'intranquillité empêche la conquête de la confiance en soi. La tranquillité est la base de la confiance donc ce qui permet d'avancer sans agressivité.

Par exemple, pour utiliser la métaphore de l'amour maternel, on sait que les bébés sans caresses ne se développent pas. Parce que cette tendresse donne la sécurité et parce que l'enfant comprend que l'amour parental est inconditionnel. Le cercle familial, avec ses adultes repères de l'enfant, construit une sécurité de base.

Transposé au peuple et à la politique, le devoir de tranquillité de l'une envers l'autre constitue l'urgence des temps présents. Or les crises sanitaire et climatique, ajoutées aux politiques de mondialisation libérales qui s'acharnent contre les services publics sécurisants, ont plongé nos sociétés dans l'intranquillité, reproduisant la logique du capitalisme qui avait besoin de la frénésie des uns et de la précarité des autres pour mettre le travail en état de sujétion. À ces secousses s'ajoute celle de la fureur des armes.

Génération Climat, génération d'amour

C'est l'émergence du féminisme puis celle des questions écologiques dans la sphère politique qui ont commencé à mettre de l'amour dans la politique. La génération Climat est une génération d'amour. C'est d'ailleurs pour cela qu'elle n'a pas été prise au sérieux. Elle est, du reste, très féminisée : de Greta Thünberg à la pionnière Rachel Carson, qui écrit dans *Printemps silencieux* (1962) : « Pourquoi devrions-nous accepter d'absorber des poisons sous prétexte qu'ils ne sont pas tout à fait meurtriers, de vivre dans une ambiance pas tout à fait insupportable, de fréquenter des êtres pas tout à fait ennemis, d'entendre des bruits de moteur pas tout à fait assez stridents pour nous rendre fous ? Qui voudrait donc vivre dans un monde dont la caractéristique est de n'être pas tout à fait mortel ? »

En un mot, le constat est simple : l'amour semble ne pas ou ne plus avoir droit de cité en politique. Est-ce parce qu'il contrarie les constructions des idéologues et les planifications des experts, les uns comme les autres croyant avoir raison de « la » réalité, si ce n'est même « contre » la réalité ? Ils lui reprochent pêle-mêle de n'obéir qu'à ses propres raisons, à la fois lumineuses et imprévisibles, de s'émanciper de l'ordre dès lors qu'il est injuste, de sacrifier le relatif au nom de l'absolu, et de préférer le bien commun à l'intérêt général. Le Bonheur national brut n'a pas fait long feu devant le Produit national brut, on le sait.

Alors même qu'ils ne cessent de s'étonner de la crise de la démocratie représentative, ils continuent à promouvoir un contrat social sans affect qui verrait des élites diriger des peuples sans esprit. Mais les peuples ont autant de cœur que d'esprit, ce qui condamne à l'échec les gouvernances sans amour. Et même beaucoup plus, comme l'écrit Theodor Adorno, philosophe et musicien : « Nous savons que l'amour endigue le narcissisme et nous pourrions démontrer comment par cette action il est devenu facteur de civilisation. »

La signification politique de cette intuition universelle selon laquelle « l'amour ne fait rien d'inconvenant » est donc à mes yeux la suivante : toute réforme, toute loi, et jusqu'au moindre décret d'application, ou toute action publique doit contribuer à l'harmonie sociale et non à sa fragilisation ou sa destruction. Donc tout ce qui accroît les précarités et les incertitudes est inconvenant. Par exemple, toucher sans arrêt aux acquis sociaux comme les retraites.

La convenance n'est pas à mes yeux une forme de bien-pensance ou de pudibonderie : elle est ce qui construit un équilibre de niveau supérieur. Est inconvenant, tout ce qui blesse les consciences, tout ce qui sape la fraternité.

Je le dis humblement mais fermement : il est temps pour la politique de redevenir convenable. En cessant de décréter le bien des gens contre leur gré et contre leur intérêt. En entendant la colère de ceux qui ont été qualifiés de « factieux » alors qu'ils n'étaient initialement animés que par une immense et douloureuse revendication de justice. En écoutant l'angoisse légitime des jeunes générations qui se battent pour reconquérir la possibilité de vivre. En un mot, en se remettant humblement à la place assignée au politique dans une démocratie, c'est-à-dire non pas au-dessus et à la manœuvre, mais en dessous et au service.

Je repense ici aux pages innombrables des cahiers de doléances des gilets jaunes. Il serait convenable de les lire attentivement, et de nous en inspirer, en vertu de cette belle intuition d'Ivan Illich : « Nous pourrions tous vivre dans une société plus paisible [...] si seulement les gens croyaient que la modestie peut orienter le choix politique. »

Aujourd'hui les gens le croient, et ils l'exigent. Aux responsables politiques d'œuvrer à l'avènement d'un monde convenable, c'est-à-dire simplement respectueux de chacun.

Chapitre 6

L'amour est désintéressé. La politique doit être désintéressée.

L'amour déçu d'un peuple n'a rien à voir avec sa naïveté ou sa folle exigence. Il a tout à voir avec l'impuissance ou l'incurie de ceux qui ont été aimés et qui ont déçu ou trahi cette confiance.

Je l'ai souvent plaidé au cours de mes campagnes : il nous faut répondre à celles et ceux qui attendent désespérément quelque chose qui ne vient pas. Il y a une forme de défaite dans une attente sans suite. L'attente d'un signe de décisions justes, d'être aimés par les dépositaires du pouvoir. C'est un cadeau, cette attente des Français, ou même de tel ou tel groupe. C'est précieux cette attente. J'ai rencontré peu de personnages politiques qui en sont conscients. L'attente est une angoisse. La déception de l'attente est comme un deuil. Une bonne décision politique est comme un rendez-vous réalisé.

Combien de fois ai-je entendu cette horripilante condamnation du peuple : « Vous n'avez pas compris. Vos attentes sont exorbitantes. Vos exigences sont déraisonnables. » Comme si l'amour du peuple était utilisé pour accéder au pouvoir, et aussitôt après transformé en appel condescendant à la raison. La seule raison de la menace brandie des déficits publics. Ou de l'instrumentalisation d'une cause (le climat) pour prélever une taxe (dite carbone) sur les plus précaires, car les plus éloignés dans les zones périphériques. Ou de remettre sans cesse sur le tapis la réforme angoissante des retraites, soi-disant et à chaque fois la dernière pour sauver le système. Le tout sans objectif global ni projet de société. Ou de s'engager dans des fusions frénétiques de tout et n'importe quoi : fusion des régions, fusions des hôpitaux, etc., entraînant bien plus de mal que de bien.

C'est parce qu'il y a un écart considérable entre les promesses de campagne et les chantiers ouverts par la suite, quand la paresse, le manque d'expérience ou une technostructure sans pilotage politique prennent le dessus. Comme l'écart entre une promesse, une attente amoureuse et sa réalisation.

L'attente déçue

L'attente amoureuse est un enchantement. On pourrait dire, en transposant à la politique, que cet enchantement est le moment de la campagne électorale. « Ne bougez pas, ont l'air de dire les candidats. Je vais transformer cette fête de campagne en rendez-vous réussi. » Ensuite, on accepte une sorte d'abandon dans le fait d'être amoureux. Parfois même une soumission dans la passion. C'est aussi celle d'un peuple qui attend, de chaque citoyen qui attend, la transformation du pouvoir en geste d'amour au sens de manifestation d'un profond attachement et d'une empathie généreuse.

Mais l'attente vaine conduit à un état de sidération, puis à la colère, et enfin le rejet peut remplacer l'amour déçu. C'est ainsi que plus on place d'espoir dans un pouvoir, plus le retour de flamme est sévère quand cet espoir est déçu. Comme en amour. À ce moment de bascule, le peuple déçu choisit le désintérêt, épuisé par l'attente de ce en quoi il a cru, renonce au moindre appel, et n'espère plus rien. Il ne se donnera plus, il ne votera parfois plus. C'est le mécanisme de l'abstention que les démocraties mal dirigées subissent et que les dirigeants ou les élites dénoncent sans voir qu'ils en sont responsables.

L'autre manifestation de cette attente déçue, tout autant dénoncée par certaines élites, c'est ce qu'elles appellent « le populisme ». Je n'utilise jamais ce mot, parce qu'il y a « peuple » dedans et que j'y sens une condescendance, une sorte de snobisme (qui consiste à aimer petitement de petites choses) et donc implicitement l'idée de « simplisme », comme si le peuple était trop bête ou trop rustique pour exprimer ses envies profondes. « Aller dans le sens du peuple » est devenu au mieux un dérapage, au pire une infamie. Ce mot n'a pas toujours été péjoratif. On devrait se souvenir qu'en 1930, un prix du roman populiste – « le peuple plus le style ! » – a été créé par une femme, Antonine Coullet-Tessier, pour récompenser un roman « qui préfère les gens du peuple comme personnages et les milieux populaires comme décors à condition qu'il s'en dégage une authentique humanité ». Il faudrait relancer ce prix littéraire pour redonner des lettres de noblesse au populisme.

Le populisme est un refus

En fait, ce mot de « populisme » est celui d'une pensée politique à bout de souffle qui se contente de dénoncer des adversaires en les traitant, par ce vocable, de démagogues voire de manipulateurs. Une paresse intellectuelle, donc, alors qu'il y a dans ce mot la revendication d'un refus de l'emprise des experts, de la mondialisation, du recul des acquis sociaux, de l'anonymat, de la déconnexion des territoires, de la disparition de l'humain dans les relations administratives au profit des « applis », cette déconnexion d'une grande violence pour qui ne maîtrise pas ces outils. Mais qui entend celles et ceux victimes de cette fracture technologique ? Impossible de régler un problème de facture que l'on ne comprend pas, un billet de train que l'on veut changer, un renseignement sur sa retraite. Il s'agit là d'un rétrécissement des relations, qui engourdit et attriste. Il restait les supérettes après la fermeture des bureaux de poste et des guichets de gare, mais même elles ont disparu. Rien ne remplace le contact, le regard, le serrement de main, la tête qui opine, le souffle.

Les scandales de corruption à répétition ont laissé l'amère conviction chez les électeurs que leurs représentants politiques sont mus par leur intérêt. Cette dégradation de la réputation des élus s'est aggravée depuis la multiplication des passages, dans les deux sens, entre le privé et le public. Et plus globalement, il y a un doute sur le courage qui anime ceux qui nous gouvernent.

De la même façon qu'il y a une naïveté attendrissante de l'amoureux(se) qui attend, il y a comme une naïveté à attendre que les politiques aiment le peuple comme ils le devraient. Et même une folie à attendre cet élan chez ceux qui nous gouvernent.

Voilà ce que j'ai appris de mes grands anciens, parlementaires gaullistes comme socialistes, qui ont vu arriver avec une pointe d'amusement une jeune conseillère de l'Élysée élue de façon improbable dans les Deux-Sèvres : on peut se répéter cent fois qu'on a raison, on peut avoir la validation de tous les experts, les encouragements officiels ou officieux de tous ceux qui « font » l'opinion, tant qu'on n'a pas éprouvé un argument les yeux dans les yeux avec un habitant de sa circonscription, on ne peut être sûr de rien.

Il m'est arrivé bien des fois de changer d'avis au bout d'une conversation d'une dizaine de minutes avec quelqu'un qui n'avait d'autre intérêt que de faire valoir sa vérité – et contrairement aux pourfendeurs de la « démagogie », la vérité des gens a beaucoup à voir avec la vérité tout court. Elle est à la fois bien plus intéressante et bien moins intéressée que la vérité des spécialistes. Car entre les spécialités, il y a toujours une faille par laquelle la vérité s'échappe, alors que la vérité populaire est globale.

Tous les responsables politiques connaissent ce sentiment d'impuissance face à un problème « qui échappe » dans le conflit des spécialités qui n'est jamais très loin du conflit des intérêts. Pour reprendre le problème en main, et pour le traiter, je ne vois qu'une seule solution : le désintéressement radical du décideur.

Et je ne connais qu'un seul remède pour désintéresser la politique comme on désintoxiquerait un drogué : l'amour, au travers de la chose publique, de ceux par lesquels, pour lesquels et au nom desquels elle a été instituée.

La politique intéressée, inspirée par l'amour du pouvoir, doit donc céder la place à la politique désintéressée, inspirée par l'amour du peuple. Elle ne peut servir à la fois les deux maîtres que sont la société et le pouvoir. Je crois en effet qu'il n'est permis à l'homme de se servir du pouvoir que pour servir le peuple, comme il lui est interdit de se servir du peuple pour servir le pouvoir.

C'est le jour où nous aurons tiré toutes les conséquences de cette vérité que nous pourrons rompre avec l'âge de la politique intéressée pour entrer dans l'âge de la politique intéressante.

Chapitre 7

L'amour ne s'emporte pas. La politique doit cesser d'être brutale.

« J'ouvre la porte de mon domicile et je comprends tout de suite que quelque chose d'anormal s'est passé. Mon ordinateur portable est au sol. Puis d'autres objets éparpillés. J'avance et là je découvre un chaos qui me suffoque. Tout est sens dessus dessous. Les meubles renversés, un amoncellement d'objets, de papiers, de livres, jetés en vrac. Comme si une tornade avait soufflé tout l'intérieur. Je cours à la chambre de mes deux filles. Et là, stupeur, tout est en ordre, sauf leurs petites affaires, petites boîtes, petits bijoux, petites photos, soigneusement alignés sur leur lit : ce langage mafieux pour dire, on rentre quand on veut, on fait ce que l'on veut. Pour créer une emprise par la terreur. De fait, ma gorge se serre en pensant que ces barbouzes auraient pu entrer quand mes filles étaient seules et pour leur faire quoi ? » Par deux fois j'ai subi ces saccages sans vol. Juste pour faire peur et sans doute pour me décourager de la politique car à ce moment-là, en 2008, je suis désignée comme la mieux placée pour gagner la présidentielle. Quelque temps plus tard, le plan de mon domicile et de ses accès sera retrouvé dans le coffre de Bernard Squarcini, ancien directeur du renseignement surnommé « le squale », lors de la perquisition le visant pour trafic d'influence et détournement de fonds publics.

Il y eut quelques échos dans la presse, pas de grand scandale comme cela aurait dû être le cas, car je me suis tue pour ne pas attirer d'autres barbouzes. Subir et se taire, encore et toujours.

À ce degré de brutalité, on se dit que c'est quand même beaucoup de sacrifices, l'engagement politique.

Mais pour violente qu'elle soit, cette épreuve paraît secondaire par rapport à ce que subissent les peuples opprimés pour lesquels on voudrait tant agir. On pensait d'ailleurs ici être épargnés par la violence physique sur les peuples. La répression des infirmières nous a fait entrer dans une régression que je n'aurais jamais imaginé connaître. Par quel dérapage ?

La technocratie, ou le pouvoir des experts, sous couvert de neutralité et d'objectivité, génère une violence débridée qui conduit au poison suivant : parce que je suis certain d'avoir raison, je peux réprimer ceux qui ne sont pas d'accord avec moi, puisqu'ils ont tort. Autrement dit : « Donnez-moi un conseil scientifique et un préfet de police, et je suis le maître du monde. » Ou encore : « Donnez-moi une analyse comptable sur les déficits publics et une menace de sanction européenne et je sabre dans ce qui fait la sécurité de base, les services publics et les retraites. »

Le politique, en s'emportant, emporte un pays là où il ne devrait pas. À l'opposé de cet emportement se trouve la capacité à s'arrêter, à se poser, à se fixer, à se limiter. À définir toutes les hypothèses alternatives.

Les dégradations des services publics, santé, éducation, pédiatrie et crèches, maltraitance dans les Ehpad, font souffrir. L'obsession sur la réforme des retraites, si violente, est le résultat d'une absence de projet de société, et aussi le résultat de l'absence de réflexion sur l'état de la société après les crises Covid, la guerre et ses conséquences sur la vie chère. C'est ajouter de la peur aux peurs, de l'insécurité aux insécurités, de l'injustice aux injustices. Le système de retraite n'est pas déficitaire, et le recul de l'âge de la retraite va frapper les ouvriers, les employés et les femmes. Alors pourquoi cet aveuglement ? L'inertie sans doute d'une bureaucratie européenne qui se réjouit des manifestations de rue comme preuve de la réforme anti-sociale, les mêmes qui n'ont pas hésité à renflouer les banques pour 2 000 milliards à taux zéro, en 2008, sans jamais leur demander de remboursement…

L'indignation et la révolte sont devenues tellement difficiles après le traumatisme de la crise sanitaire, et la crise climatique aggravée par la crise énergétique, inflationniste, plus la guerre, que l'on sent un risque de repli sur soi comme jamais nous n'avons connu : « Je n'y peux rien, donc je me débrouille tout seul. » On n'arrive même plus à s'indigner. Or, sans indignation, il n'y a plus de résistance possible. Ceux qui avaient tout à défendre se sont retrouvés poussés dans l'indéfendable par ceux qui n'avaient rien à leur proposer et qui pourtant avaient été mandatés pour les rassembler dans un projet de société.

Et donc le cercle étouffant de l'indifférence se resserre. Les chocs sociaux, les réformes trop brutales, les peurs liées à l'incertitude détruisent la capacité d'aimer, de fraterniser, si salutaire en démocratie. C'est pourquoi les manifestations de masse contre la baisse des retraites ont été un heureux soulagement pour tous ceux qui n'avaient plus la force de protester, et une mauvaise surprise pour ceux qui comptaient sur l'épuisement des gens. Un sursaut de ceux qui pouvaient encore venir dans la rue, de ceux qui pouvaient encore sacrifier le salaire d'une journée, comme s'ils pressentaient que toutes les digues d'une société solidaire étaient en train de s'effondrer pour une fuite sauvage vers le chacun pour soi et la confrontation de tous contre tous.

Ils ne comprenaient pas pourquoi il y a deux poids deux mesures : les tarifs d'autoroute augmentent sous prétexte qu'elles ont des contrats de concession auxquels on ne pouvait pas toucher (ce qui est faux, ces contrats peuvent être annulés car l'État, c'est-à-dire nous tous, y est spolié), mais que l'on peut changer à la baisse le contrat social de travail qui engage lors de l'entrée, ou même, pendant la vie active ? De quel droit modifier à la baisse un contrat de travail qui, sur la base des cotisations permet de partir à tel âge, pour des millions de travailleurs, et déclarer ne pas pouvoir le faire pour les profits des sociétés d'autoroute privatisées dans des conditions scandaleuses ?

Une démocratie malade quand elle est mal aimée

La démocratie est comme un corps et un esprit vivants. On peut donc lui appliquer le raisonnement suivant sur les mécanismes de l'amour : nous aimons comme nous nous sentons aimés et nous nous aimons selon la manière dont nous avons été aimés. Au début de la vie, notamment. Notre amour de nous-mêmes n'est pas évident puisqu'au départ nous sommes l'objet de l'amour maternel. Et nous devons devenir source de l'amour ; donc un peuple mal aimé ne peut se construire. Quand un peuple se sent dénigré, méprisé ou manipulé, il devient impossible d'y construire une fraternité. Au même titre qu'un nourrisson sans soins ou un enfant sans amour, insulté, battu, humilié, ne pourra pas s'en sortir et adoptera un comportement agressif. C'est une demande d'amour. Qui ne doit pas entraîner une répression ou une punition sans avoir compris la source de cette agressivité.

Quand il n'y a pas d'amour, on tombe malade. Eh bien, de la même façon, lorsqu'il n'y a pas d'amour des uns pour les autres dans une société, dans une démocratie, elle tombe malade.

On peut se demander, comme le fait le philosophe Frédéric Worms, si la démocratie est en décadence ou en catastrophe. En décadence, cela voudrait dire que l'on peut remonter la pente. En catastrophe, c'est que l'on aurait atteint un pic de non-retour. Comme pour une maladie. Il faut rester en dessous du pic de la crise. Et soigner. La démocratie n'est jamais acquise une fois pour toutes. Elle doit progresser au fur et à mesure où elle rencontre de nouveaux problèmes : violences climatiques, violence de la pauvreté dans de nombreux pays, violences faites aux femmes, violences faites à la nature, violences faites au modèle français d'éducation et de Sécurité sociale, violence des guerres, terrorisme, inégalités mondiales…

Le meilleur soin pour la démocratie malade ou fatiguée, c'est d'appliquer sans se décourager, dans chaque décision politique, les trois remèdes que sont la liberté, l'égalité et la fraternité, même si l'on sait que l'idéal ne sera jamais atteint. Et à condition de ne pas les utiliser comme formule ou comme illusion, mais comme objectifs à atteindre grâce à l'action. Comme des chemins jamais finalisés, toujours à faire progresser, avec une extrême vigilance sur les reculs, visibles ou sournois.

Par exemple, l'économie qui produit des richesses communes à partir des services publics doit rechercher l'égalité. L'absence de taxation des superdividendes ou des superprofits, comme ceux des profiteurs de guerre et des profiteurs de crise sanitaire, rend la société malade.

La liberté aussi appelle beaucoup de vigilance. Car c'est souvent au nom d'un danger plus important que l'on remet en cause la liberté. Au nom d'un danger non maîtrisable, la crise sanitaire, on a subi une restriction inimaginable des libertés.

Ce fut la gouvernance par la peur. Articulée autour d'une prédiction alarmiste, maintes fois entendue : « Le pire est devant nous. » Car la peur fait renoncer aux trois valeurs de notre République. La peur fait renoncer à la liberté. Renoncer à l'égalité (« à chacun son malheur ») et renoncer à la fraternité (« si j'aide mon voisin c'est à mes dépens vu la pénurie de soins »).

Deux terribles menaces : armes nucléaires et désastres climatiques

Les deux dangers qui menacent l'humanité aujourd'hui sont les armes nucléaires et les désastres climatiques. Deux terribles reculs de la civilisation. Qui ont des remèdes.

Le remède contre le premier danger c'est l'arrêt de la dissémination nucléaire et le désarmement nucléaire. Surgie à Hiroshima et Nagasaki en août 1945 à cause de la bombe américaine, la terreur nucléaire s'abat sur des millions d'humains pour faire comprendre en massacrant les Japonais que l'on peut massacrer partout. Cet acte immonde, déclenchant la course à l'armement nucléaire (neuf pays la possèdent, treize mille bombes menaçant huit milliards d'humains), a pourtant été commis par un croyant, le président américain qui prête serment sur la Bible, livre de paix et de fraternité. La leçon du pape François n'en a que plus de valeur : « L'utilisation des armes nucléaires est immorale. Tenter de garantir la stabilité et la paix par un faux sentiment de sécurité et un équilibre de la terreur conduit à des relations empoisonnées entre les peuples et entrave le véritable dialogue. » Et d'ailleurs, si la guerre de la Russie contre l'Ukraine dure si longtemps, c'est parce qu'elle détient l'arme nucléaire, et qu'une escalade par les armes est sans issue.

La crise écologique planétaire et ses dramatiques conséquences, surtout sur les plus vulnérables, pollution, surexploitation, inondations et sécheresses meurtrières, déplacements massifs de population, maladies, destruction du vivant, pose la question vitale des choix de développement et de la lenteur du renoncement aux énergies fossiles. Il aura fallu la guerre en Ukraine pour relancer un peu plus sérieusement les économies d'énergie et les énergies propres alternatives alors que tout était en place au moment de la COP21 en 2016, avec l'adoption d'une feuille de route claire. Un premier renoncement a eu lieu, poussé par le lobby des énergies fossiles, relayé par des écologistes naïfs : repousser les échéances à 2050 alors que l'agenda de l'action de la COP21 fixait les échéances à 2035. Le tout enjolivé par le concept de « neutralité carbone », impossible à atteindre si les objectifs concrets de 2035 ne sont pas réalisés. Or ils ont disparu des radars, ce qui est bien confortable pour les actuels décideurs qui n'auront aucun compte à rendre dans trente ans…

La frénésie du système financier mondialisé oriente les choix, ralentit les mutations et repousse toutes les réglementations. À l'instar de ce qui se passe dans les multinationales de l'alimentation : Nestlé, dont les produits, pizzas Buitoni et sucreries, ont tué des enfants, ou Ferrero-Kinder dont les friandises à l'huile de palme ont récemment provoqué de graves intoxications. Ces firmes aux rendements considérables avaient-elles encore besoin de se goinfrer davantage jusqu'à réduire les contrôles sanitaires ? Et l'État social affaibli sous l'idéologie libérale n'est-il pas également responsable en détruisant les corps d'inspection et en laissant libre cours à la délinquance sanitaire par le remplacement des contrôles étatiques par les autocontrôles ? Comment ne pas être révoltés par ces comportements ?

L'alliance des contraires

D'abord en coopérant plutôt qu'en imposant un pouvoir hiérarchique. On ne « gagne » jamais en affaiblissant des corps intermédiaires. La République doit s'appuyer sur ces interlocuteurs, pour pacifier et agir de façon juste. Les décisions autoritaires ou passées en force peuvent s'imposer, mais il y aura tôt ou tard un retour de bâton. Elles ne feront pas disparaître les peurs et les frustrations qui conduisent aux révoltes, dans la rue et dans les urnes, ou à l'affaiblissement de notre productivité économique et de nos entreprises.

On mesure à quel point ce que j'ai appelé l'ordre juste (l'ordre économique et climatique juste et l'ordre international juste) est d'actualité et pourrait plus que jamais servir de fil à plomb. Les Français ne veulent plus des insécurités et des menaces. Même si c'est difficile, il faut poser les bases d'une société de confiance qui permet d'aller de l'avant. Alors que la défiance, qui va avec l'incertitude du lendemain, détruit jour après jour le lien qui fait qu'une collectivité nationale existe. De nouvelles règles du jeu national doivent lier solidement ce que l'on oppose habituellement : responsabilité individuelle et solidarité collective, performance économique et performance sociale et écologique – et pas l'une contre les autres –, agilité des entreprises et sécurités des salariés, un État fort mais de nombreuses décisions décentralisées. C'est l'alliance des contraires qui construit des compromis dynamiques.

Il faut avoir la patience de les construire, obstinément, pas à pas, comme un maçon, pierre à pierre, c'est ce qui permettra la solidité du tout. Les décisions imposées font apparemment gagner du temps, mais elles sont forcément fragiles et peu durables. Les problèmes resurgiront, comme une fracture mal soignée se reproduit en pire.

Les décisions stables et mûries produisent de la confiance, qui produit de l'efficacité. De nature à faciliter la refondation d'un autre modèle de société : un modèle sociétal qui ne serait plus régi par l'emportement pressé de certaines élites, mais par une forme d'apaisement ou de désescalade.

La société de l'emportement est régie par des processus centrifuges, au travers desquels tout mouvement, toute dynamique, toute libération d'énergie est synonyme de frictions croissantes, de bruit, de désintégration, de dissipation et de destruction.

À l'inverse, la société de désescalade que j'appelle de mes vœux serait régie par des processus circulaires, tels qu'on peut les observer dans la nature, avec un mouvement souple qui refroidit, condense, structure et organise, en favorisant l'émergence de systèmes plus complexes. Et interconnectés.

Si l'humanité est aujourd'hui au bord du précipice, c'est en partie parce que les grands dirigeants, en « s'emportant », ont cru pouvoir s'exonérer d'un certain nombre de lois naturelles auxquelles il s'agit aujourd'hui de revenir pour comprendre les ressorts du vivant et nous en inspirer dans la reconstruction d'une société à la fois plus juste et plus pérenne.

Il s'agit d'arrêter de nous emporter pour commencer à nous supporter et à nous porter les uns les autres, en nous inspirant des enseignements de la nature.

Nos sociétés subissent des chocs qui sont les symptômes des politiques conduites sans amour du peuple. En France, les chocs imposés depuis plus de dix ans, qui se sont accélérés, touchent de nombreux secteurs. Tout y passe : réformes successives des retraites, émondage du Code du travail au détriment des salariés, étranglement financier de l'hôpital, activisme réformiste désordonné à l'école et à l'université, élagage à la hache dans les régions et déchirures du tissu vivant des collectivités territoriales. Et depuis sept ans, un invraisemblable recul de l'écologie. La liste est longue. La France a encaissé. Les Français aussi. Tout ça pour s'entendre dire un jour qu'ils sont

« un peuple de Gaulois, réfractaires au changement ». Comme pour les variations climatiques, la fréquence des chocs sociaux s'accélère. La violence est là quand on exhibe quelques années de cotisations en moins pour un chauffeur de bus, pour mieux dissimuler les points d'impôt retirés aux grandes fortunes. Une loi Travail tous les deux ans, une ou deux réformes des retraites par quinquennat, illisibles, donc anxiogènes.

Le corps social se fracture, les plus faibles s'affaiblissent encore, la périphérie se périphérise encore plus, les « milieux et fins de cordée » ne peuvent plus s'agripper sur un glacier qui a fondu, qui n'offre plus de prises et ne se reconstituera pas. C'est encore plus grave en fin de cordée, on ne peut même pas attraper la corde. C'est le dévissage dans le vide, d'autant plus violent que les filets de sécurité que sont nos protections sociales sont démantelés au nom d'une idéologie libérale qui titube comme un canard sans tête. Or, dans la société comme dans la nature, nous avons besoin de sécuriser les transitions. Détruire les solidarités est à la mode chez certains gouvernants. Ces destructions, pourtant, vont tout simplement à rebours de l'histoire. Ainsi, de la même façon que la nature subit ces chocs thermiques, atmosphériques ou pluviométriques (que nous subissons à notre tour en voyant nos villages inondés, nos étés devenir caniculaires, notre biodiversité s'évanouir), les Français doivent subir les dérèglements imposés par les responsables politiques. Posons-nous collectivement la question : pourquoi la décision politique s'est-elle mise au diapason du rythme effréné et désordonné du dérèglement climatique ? Pourquoi suivre cette même cadence, dans la destruction du modèle social comme dans le pillage de la nature ?

Ne cherchez pas, les causes sont les mêmes ; les responsables aussi. Les forces de la cupidité n'ont que faire des êtres vivants ni des citoyens délibérants. Comme le disait Stéphane Hessel, c'est parce que la décision politique s'est assujettie aux forces de la spéculation financière mondialisée que l'on ferme nos usines, nos écoles et nos maternités, et que l'on produit, consomme, pollue sans cesse davantage. Prenons un peu de recul : les lobbies qui poussent à la privatisation des services publics ne sont-ils pas les mêmes que ceux qui résistent à la lutte climatique.

La redoutable difficulté, c'est que la manœuvre est invisible, comme l'est la « main » du marché. Les forces de la mondialisation financière sont abstraites, comme les perturbations atmosphériques sont « gazeuses ». Mais il n'y a ni fatalité ni complot. Jadis, les civilisations s'en remettaient aux dieux qui, par le tonnerre et le fracas, étaient supposés se venger du péché des hommes ou de leur hubris. On expliquait la météo par le destin. Aujourd'hui, les agences de notation, les cours de Bourse, les taux et les profits sont revêtus de la même aura sacrée et irréfragable – on explique l'économie et la finance par des lois d'airain, sur lesquelles, nous dit-on, nous n'avons aucune prise. Et ces lois d'airain, pour mieux dominer, proviennent de l'affaiblissement de notre démocratie.

Ainsi subissons-nous collectivement le dérèglement de la mondialisation comme si nous étions parfaitement impuissants, ce qui est faux, mais en outre, ce qui est pire, comme si nous méritions notre sort, tels les peuples antiques cherchant dans leurs propres fautes la cause du tonnerre. On nous punit, on punit les peuples – et pour quel crime ? Celui de vouloir conserver nos racines, notre modèle social, notre diversité, notre vivacité, l'infini fourmillement et la grande famille des territoires, avec leur passé, leur histoire, avec notre générosité et notre tempérament.

Les chocs de l'abandon : isolements, dénigrements, arbitraire

Les chocs subis par les peuples comme l'abandon, l'isolement, le dénigrement, l'arbitraire, la destruction de ce qui a précédé ont secoué et secouent toutes les sociétés emportées par la mondialisation et les agences de notation privées, qui ont récemment avoué avoir fait souvent des erreurs de calculs qui eux-mêmes dépendent de choix idéologiques. À ce sujet, je trouve particulièrement justifié la demande de l'Union africaine d'avoir une agence de notation africaine et ne pas dépendre d'agences américaines qui imposent les normes du néolibéralisme anglo-saxon. Comme elles le font en Europe.

Le refus de l'abandon fut le cri du cœur initial des gilets jaunes : « On nous a tout pris, on nous a pris nos retraites, notre dignité au travail, notre sécurité, notre système de santé et même notre école et maintenant on veut nous rendre, par la taxe carbone, coupables du dérèglement climatique. »

Le choc de l'isolement a frappé toutes les périphéries qui se sentent exclues et qui deviennent de plus en plus invisibles. Mais ce choc touche également aujourd'hui une grande partie de la jeunesse paupérisée, invisible elle aussi, qui n'a ni activité ni formation, qui parfois ne se lève plus et qui représente un très grave souci pour les parents.

Le choc du dénigrement constamment à l'œuvre par lequel les périphéries se voient imposer des réformes de régression sociale auxquelles elles résistent malgré les accusations de « Gaulois réfractaires ».

Le choc de l'arbitraire reposant sur le prétexte des promesses de campagne, alors que ce qui compte ce ne sont pas les promesses mais les principes et l'objectif commun, compris et partagé.

Enfin la destruction frénétique de ce qui a précédé, l'obsession pernicieuse de l'uniformisation et de la fusion, l'une aussi toxique que l'autre, comme le prouvent les fusions des régions, fusions des hôpitaux, fusions des cantons qui ont été à chaque fois destructrices d'efficacité et d'humanité, et faites parce que ça donne l'impression de réformer et de répondre à cette injonction.

Une politique guidée par l'amour du peuple fait tout pour protéger la société des chocs, d'autant plus que d'autres chocs sont déjà là, crise sanitaire, crise climatique, crise des guerres, et qu'il y a tant à faire pour les combattre.

L'expérience me conduit à la certitude qu'il y a des solutions dans la façon de gouverner : il faut faire preuve d'adaptabilité et non d'autoritarisme, il faut mettre en place des coopérations plutôt que d'agir dans une hiérarchie verticale, il faut être capable d'inscrire chaque action dans un projet de futur désirable, seule façon de concilier la fin du mois et la fin du monde. Par exemple, la question des retraites devrait nous conduire à réfléchir collectivement à ce que sera la société dans trente ou quarante ans. De même un leader politique devrait savoir expliquer pourquoi et comment la crise climatique va façonner les modes de consommation, les sources de revenus, les façons de se déplacer, ce qui peut être enthousiasmant si les citoyens perçoivent quelle source de bien-être cela va leur apporter et, surtout, comment ils vont devenir des acteurs libres et volontaires de ce changement.

Et enfin la persévérance, ne pas se laisser décourager et mettre des mécanismes qui raccrochent ceux qui décrochent pour les remettre dans une dynamique positive.

Chapitre 8

L'amour n'est pas rancunier. La politique doit être fraternelle.

Le remède à l'esprit revanchard, c'est la fraternité. C'est elle qui permet de chasser « les ombres d'un monde fermé ».

On m'aura beaucoup moquée sur la FRA-TER-NI-TÉ. Ce fut blessant. Un mépris de plus pour les milliers de personnes qui, sans aucun enjeu électoral, s'étaient réunies pour cette fête de la Fraternité au Zénith de Paris en 2008. À moins de se dire que c'est un honneur d'être moquée par les ignorants ou les aigris. Car, comme dit précédemment, toute idée forte est d'abord dénigrée, puis moquée et enfin récupérée.

Ce troisième pilier de notre devise nationale, fruit d'une longue histoire et pourtant moins sollicité que les deux autres, n'a jamais inspiré une mobilisation nationale ou même servi d'argument pour des décisions politiques publiques. Elle aurait pourtant évité tant d'erreurs, la fraternité. Si elle avait été utilisée comme boussole, nul doute que les terribles décisions prises pendant la crise Covid auraient été plus intelligentes, notamment pour les plus jeunes, maltraités et isolés à un moment de leur vie où les liens sociaux sont absolument essentiels. Car la fraternité empêche de tourner en rond. Elle pose immédiatement des limites à la loi du plus fort ou à l'appropriation vorace par quelques-uns des profits de l'époque, et des salaires de la peur générée par les crises de l'énergie et de la santé.

Fratelli tutti, tous fraternels, la lettre papale, a touché juste puisqu'elle a essuyé ici et là, dans les sphères des pouvoirs financiers et boursiers, des reproches sur son caractère « trop politique » et « excessivement social » ! Deux menaces, selon ce beau texte, pèsent sur le bien-être du monde : les guerres et la mondialisation de l'indifférence. La fraternité et l'amitié sociale sont les deux voies pour construire un monde meilleur, plus juste et plus pacifique. La crise sanitaire mondiale a démontré que « personne ne se sauve tout seul » et que le moment est venu de « rêver d'une seule et même humanité » dans laquelle nous serions « tous frères ».

« Les ombres d'un monde fermé » décrivent avec tellement de force les distorsions des temps présents : la manipulation et la déformation de concepts comme la démocratie, la liberté, la justice ; le désintérêt pour le bien commun et la montée des égoïsmes ; la domination de la logique de marché, qui englobe désormais les soins aux plus fragiles avec les maltraitances que l'on connaît ; le chômage, le racisme, la pauvreté ; l'écrasement des droits dans l'esclavage ; la traite des femmes exploitées ; le trafic d'organes. Face à tant d'ombres, cette société malade est devenue inapte dans le soin aux plus faibles et aux plus fragiles.

Trouver dans les autres un accroissement d'être

Nous sommes co-responsables d'une politique qui intègre – et donc se pose la question – notre capacité à aimer selon une dimension « universelle ». Car pour « penser et gérer un monde ouvert », nous devons sortir de nous-mêmes pour trouver dans les autres « un accroissement d'être ».

De la même façon, il faut une « éthique des relations internationales ». Par exemple, le remboursement des dettes ne doit pas être un mécanisme aveugle pour mettre à genoux les pays les plus fragiles, et y détruire le peu de services publics encore existants et y casser la faible croissance. La lettre papale souligne aussi l'importance du peuple comme catégorie ouverte, disponible au débat et au dialogue. Et les attaques contre les théories dénoncées comme populistes, n'ont-elles pas comme objectif de les déconsidérer sans prendre la peine d'argumenter, comme si « peuple » était synonyme de bêtise ou de manque d'intelligence ? Le pape appelle à respecter les mouvements populaires en soulignant leur importance et en appelant à les impliquer dans la société pour provoquer « un torrent d'énergie morale ». Le devoir de la politique, c'est de trouver une solution à tout ce qui porte atteinte aux droits humains fondamentaux comme l'exclusion sociale, l'exploitation sexuelle, l'esclavage, le terrorisme, le crime organisé. D'éliminer la traite des humains, « une honte pour l'humanité », et la faim, « un crime », car l'alimentation est un « droit inaliénable », d'ailleurs gravement mis en cause par le dérèglement climatique et la surexploitation de la nature par quelques-uns.

La politique dont on a besoin est celle qui est centrée sur la dignité humaine. Pas celle soumise à la finance. La spéculation financière fait des ravages. Et appauvrit l'État par un transfert des ressources publiques vers le privé. La France, par cet alignement sur l'ultra libéralisme au fil des mois et des coups portés aux services publics, perd ce qui faisait sa force, sa résistance, sa créativité et sans doute une partie de son génie, et même la productivité du travail. Car c'est en étant sécurisé qu'un travail est créatif et productif.

Face aux guerres qui ravagent certaines parties du monde, le pape plaide pour la réforme de l'ONU qui, en effet, n'a jamais paru aussi faible que maintenant. La prédominance économique s'est imposée sur tout le reste aux dépens d'un recours inlassable, (ce pour quoi l'ONU a été créée), à la négociation, aux bons offices et à l'arbitrage. Pour promouvoir « la force du droit sur le droit de la force ».

L'appel au « miracle de la gentillesse » est comme « une étoile dans l'obscurité » et une « libération de la cruauté, de l'anxiété et de l'empressement distrait » qui prévalent à notre époque contemporaine.

Comment faire entendre les appels à la paix sans subir des reproches selon lesquels appeler à la paix, c'est forcément affaiblir le camp du pays ou du groupe agressé ?

Face à la guerre, l'Europe apparaît comme une utopie trahie, et sauver l'Europe appelle un effort conscient et puissant pour faire la paix. Cet effort aurait dû empêcher la guerre. Personne d'autre ne le fera à notre place, nous, Européens.

« La guerre est toujours un échec de la politique, une capitulation honteuse devant les forces du mal. » Elle nourrit un réflexe de repli et de peur qui vient s'ajouter aux heures sombres de la crise sanitaire dont les dégâts psychologiques sur les enfants et les jeunes, pour ne parler que d'eux, sont loin d'être résorbés.

« Le pire est devant nous » est une perversion du pouvoir

De la même façon, tout pouvoir pourra être tenté de dramatiser ou d'entretenir une situation d'insécurité afin de mieux étouffer les mécontentements sociaux, par incapacité à répondre aux problèmes. Ainsi avions-nous eu la métaphore martiale de la guerre pour le Covid, suivie de la comptabilité quotidienne morbide, avec pour effet le déclenchement des replis et des isolements dans la peur. À l'opposé, je pense que la bonne gouvernance n'est pas de faire peur, mais d'appeler à résister. Et résister ensemble, s'organiser ensemble, comprendre ensemble, laisser une marge d'initiative, expliquer le pourquoi des décisions, dire quand on s'est trompé et comment on va rectifier. Cela manqua cruellement dans ce traitement inhumain des plus vulnérables : les anciens, les enfants, les étudiants, les personnes seules. Faire peur, prédire le pire avec cette formule « le pire est devant nous », utilisée de façon répétitive tant pour le Covid que pour la guerre en Ukraine. Mais entretenir la peur, prédire le pire, c'est empêcher la résilience, c'est maintenir dans une situation régressive, de repli, qui nourrit les haines, les nationalismes, les slogans simplistes. Entretenir volontairement l'anxiété, c'est le contraire de la gouvernance par l'amour des peuples dont on a la responsabilité.

La paix est difficile parce qu'elle est « proactive », basée sur un travail de réconciliation. C'est un « artisanat » dont la tâche n'est jamais terminée. Elle suppose le plus difficile : le pardon. Le pardon, ce n'est pas accorder l'impunité. Ce n'est pas l'oubli. C'est renoncer à la vengeance. Mais le pardon n'est pas obligatoire. On peut très bien penser qu'il y a des choses impardonnables. Garder du ressentiment, c'est aussi un droit, celui de mettre des limites à l'agression de l'autre, une possibilité aussi de se reconstruire. C'est difficile de faire autrement, car la mémoire du mal est prégnante. Comme dans la vie. Les mauvais souvenirs dominent la mémoire ; pour les bons, il faut fournir un effort de mémoire.

Je pense que le remède contre la mécanique de la rancune, c'est l'éducation. Car bien connaître les choses pour partager les diagnostics permet très efficacement de lever les incompréhensions et de faire reculer les lignes de fractures.

Par exemple, l'éducation aux sciences de la nature, pour que l'écologie et les règles qu'elle appelle ne soient pas vécues comme une punition ou une coercition technocratique, mais comme une dimension d'un humanisme auquel tout le monde a intérêt.

Éducation au fonctionnement des institutions pour que, au-delà des seules élections et du lot de rancœur qu'elles suscitent, chacun puisse comprendre comment faire entendre sa voix.

Éducation à la liberté, à l'égalité, à la fraternité,pour que les idéaux gravés dans la pierre puissent devenir des idées et surtout des actions capables d'armer les esprits et d'animer les cœurs.

J'ai toujours trouvé déplorable dans le débat politique les tentatives de caricaturer les convictions des adversaires comme une sorte de tactique pour galvaniser son camp. Les citoyens ne sont pas dupes et ce sont eux qui se sentent humiliés lorsqu'il y a une caricature du débat politique. Les responsables politiques doivent donc cesser d'attiser, par facilité ou réflexe, la rancune de leurs opposants pour donner des gages à leur camp.

L'autorité, fonction vitale

La démocratie, à mes yeux, n'est pas une tactique de guerre, mais c'est un art de la paix, cet art exigeant et difficile parce qu'il élève les esprits au lieu de les abaisser et qu'il ne craint pas la participation de l'ensemble du corps social bien au-delà des logiques de clans et de camps.

L'autorité est une fonction vitale dans toutes les sociétés. Elle est d'autant plus respectée que chacun ressent qu'elle est vraiment mise au service du bien commun. Celui-ci doit être considéré, non pas comme quelque chose d'acquis, mais comme un objectif à atteindre, difficile, sans cesse en mouvement, parfois en recul, et qu'il faut remettre d'aplomb pour repartir en avant. Ainsi, la liberté doit être repensée et défendue en période de crise sanitaire par rapport aux restrictions inimaginables qui l'ont assommée. L'égalité, cette passion bien française, doit être également repensée au vu des effets d'une mondialisation qui la fait reculer tous les jours d'une façon qu'on ne pouvait même pas imaginer et qui fait qu'1 % de la population possède 90 % des richesses du monde, tandis que neuf millions de personnes meurent de faim et par la faute de guerres tous les jours. Enfin, la fraternité sans cesse fragilisée faute d'avoir été enseignée ; et, au moment même où j'écris ces lignes, je ressens le désespoir des parents et de la communauté scolaire effondrés par le jeune de 14 ans qui s'est suicidé pour avoir subi du harcèlement en raison de son homosexualité.

Que l'amour passe dans l'ordre de la vie politique : voilà très exactement le cœur de mon propos et de mon espérance, tant je suis convaincue que c'est à cette condition que nous pourrons faire advenir un ordre juste, respectueux de l'humanité autant que de la planète, protecteur des plus vulnérables, et source d'espoir et d'énergie pour les jeunes.

Chapitre 9

L'amour ne se réjouit pas de l'injuste. La politique devrait faire pareil.

Je me souviens d'un échange lors d'un dîner avec Jean-Claude Trichet, directeur de la Banque centrale européenne. Il n'avait pas de mots assez durs pour la Sécurité sociale et pour le système des retraites qu'il estimait abusifs et trop élevés. Il considérait que la France vivait au-dessus de ses moyens en ce qui concerne les protections sociales... et ainsi de suite. Alors, devant la dizaine de hauts dirigeants et hauts fonctionnaires présents, qui opinaient du bonnet – même ceux, de façon consternante, se situant à gauche –, je dis d'une voix calme et paisible : « Cher monsieur, pouvez-vous nous dire quel sera le montant de votre retraite de fonctionnaire bancaire européen, cumulée avec vos fonctions antérieures, et vos fonctions futures, et quel est votre taux d'imposition ? » À cet instant, l'assemblée se partagea entre ceux qui se mirent à sourire discrètement et ceux qui firent semblant de ne pas avoir entendu. Mais Jean-Claude Trichet se tut et réfléchit sans doute à ses diatribes contre les plus modestes. Plus récemment, c'est l'actuel président de la Cour des comptes qui se vit opposer la même question par un député lors d'une audition, et qui stoppa net ses affirmations contre les protections sociales excessives.

La crise sanitaire et économique a paradoxalement démontré que l'engagement de dépenses capables d'amortir les crises, les inégalités et les souffrances était possible. L'argent magique est apparu sans créer de crises (mais en oubliant les soignants et les premiers de cordée), en prouvant ainsi que l'on peut mobiliser des moyens quand notre survie en dépend. On pourrait donc agir de la même façon pour réussir la transition énergétique et donc une lutte efficace contre le réchauffement climatique si meurtrier. Ou pour sortir les pays les plus pauvres de la misère.

D'ailleurs, ce n'est pas la première fois : lors de la crise financière de 2008 et 2009, l'argent magique est venu renflouer les banques. Et nous étions déjà dans la prise de conscience aiguë de la crise climatique. Par conséquent, si le même argent magique avait été mis dans la croissance verte, et si une contrepartie aux banques sur le verdissement de tous les financements avait été imposée, nul doute que nous n'en serions pas là, dans le non-respect des objectifs de l'accord de Paris sur le climat et dans la vulnérabilité énergétique. Qu'il y aurait beaucoup moins de morts et de déplacés climatiques. Et que nous aurions été prêts à affronter la crise de l'énergie.

La crise a aussi révélé le retour du rôle de l'État et celui, irremplaçable, des services publics. Inversant l'ordre – ou plutôt le désordre – des choses telles qu'elles étaient, à savoir la politique à la remorque de l'économie, elle-même à la remorque du néolibéralisme obsédé par la destruction des services publics et de la contrainte tant environnementale que sociale.

La crise a eu un autre effet bénéfique : elle a en partie anéanti les théories transhumanistes, qui servent surtout à ne rien faire. Mais qui nous promettent la solution à tous les problèmes par l'homme augmenté, par le progrès technique et par l'intelligence artificielle qui conduit aussi à une forme d'immortalité humaine artificielle.

Et surtout, la grande leçon de l'histoire humaine, et la profonde vérité que je voudrais partager ici, s'est plus que jamais vérifiée lors de cette crise d'isolement sanitaire : nous savons conquérir l'espace, mais nous restons infirmes devant le chagrin, la douleur et la mort. Infirmes face au manque d'amour et de tendresse. Pendant cette pandémie, on a compris que parmi les cinq sens, rien ne pouvait remplacer le toucher. Dont nos anciens ont été cruellement privés, et avec eux, leurs enfants et petits-enfants. On a eu la démonstration, dans cette période lugubre de privation de lien social, que sont cruciales l'amélioration des relations humaines et le soin apporté aux communautés de proximité : famille, école, université, quartier, voisins, atelier, clubs de sport et de culture, et contacts avec la nature. Comme sources nécessaires au retour aux sources.

Le dialogue entre amour et politique, c'est mettre en place les conditions pour que chaque enfant, chaque adolescent, garde un accès émerveillé à la vie, à la nature, à la culture, comme un droit fondamental de dignité et de capacité de ressourcement pour la vie entière, et comme meilleur remède contre les horreurs et les drames de l'actualité.

Rappelons-nous la fulgurante vision d'Antonio Gramsci : le vieux monde se meurt, le nouveau est lent à apparaître, et c'est dans ce clair-obscur que surgissent les monstres. Voilà une des plus belles définitions de l'action politique, je pense : comment faire pour que dans ce clair-obscur, le monstre ne surgisse pas ? Pourquoi l'agression contre l'Ukraine a-t-elle immédiatement suivi la sortie de crise sanitaire ? Les forces de paix étaient-elles à ce point épuisées pour ne pas imposer immédiatement une médiation préventive, un déploiement de casques bleus, de forces d'interposition le long des frontières contestées ?

Les manques fondamentaux expliquent toutes les crises

Par exemple le manque de sécurité. Le manque de considération. Le manque de vérité. Les trois se conjuguent dans le manque d'amour, car l'amour commence par le regard. Or, manquer de sécurité, de vérité et de considération, c'est comme être devenu invisible.

Le manque de vérité conduit à la crise de confiance : on l'a nettement constaté dans la communication calamiteuse lors de la crise sanitaire. Pas de vérité, mais une laborieuse autojustification des interdits, une sorte de griserie du pouvoir extravagant que l'on voyait dans les gestes et les postures, les impétrants eux-mêmes surpris de ce pouvoir qui les dépassait. A cruellement manqué la confiance dans l'intelligence des citoyens, des élus, des médecins, des forces vives, bref l'amour de l'intelligence collective.

Le manque de considération conduit à la contestation de l'ordre social injuste, qui est en fait un désordre, et ce premier désordre conduit aux autres désordres : révoltes, gilets jaunes.

Le manque de sécurité au sens large (sécurité au quotidien contre les agressions et les incivilités, Sécurité sociale, climatique, mais aussi éducative pour ses enfants, sécurité alimentaire, d'accès aux soins, etc.) crée de l'intranquillité. Et l'intranquillité rend beaucoup plus fragile le lien social, c'est-à-dire la possibilité de mobiliser une nation au service d'un futur commun.

Bien nommer les choses

C'est la raison pour laquelle j'ai toujours pensé que l'identification des désordres, des dysfonctionnements, des insuffisances, des frustrations est la première étape d'une bonne gouvernance. Si elle prend la peine de les nommer, la politique crée immédiatement une sorte de détente et une attention intellectuelle collective, propice au dialogue et plus encore à la bienveillance et à la tolérance de l'opinion à l'égard des décideurs. Et cela renforce aussi ce qui se trouve au cœur du pouvoir bien exercé : la capacité de gérer l'imprévu avec discernement.

Moins les dysfonctionnements sont traités, plus les citoyens deviennent intolérants aux règles et aux limites. La conséquence, c'est une spirale de délitement du lien en société et un recul du pacte sociétal sur les droits et les devoirs.

La réponse, la solution passe aussi par la joie à donner, joie d'inventer ou de libérer l'avenir, joie d'être ensemble et de tout faire pour continuer à l'être…

L'amour trouve sa joie dans ce qui est vrai.

Et c'est pourquoi la génération Climat est la génération d'amour dont nous avons besoin. Il y a un lien profond entre amour et vérité. Comme le dit si magnifiquement Sylvain Tesson, attendant patiemment la panthère des neiges : « Il y a un vrai choix : creuser le désespoir ou célébrer la beauté. »

L'écologie, ce n'est pas seulement prendre soin de la nature et de la planète. Il s'agit aussi de prendre soin les uns des autres.

Les rapports du GIEC se succèdent et ne suscitent même plus de réaction. L'objectif de limiter à moins de deux degrés le réchauffement climatique est désormais hors d'atteinte et la trajectoire d'augmentation de la température produira des conséquences dévastatrices dont on voit déjà plus que des prémices, avec des conséquences encore plus terribles dans les pays les plus chauds qui sont aussi les plus pauvres. En clair, le monde riche et industrialisé va payer cher son inaction contre la pollution qu'il a provoquée et qui lui a permis de bâtir sa croissance industrielle et sa domination coloniale sur le monde. Il ne voit pas que la transition écologique et énergétique est une chance et non un fardeau, car elle porte dans sa logique même la solution au nouveau souffle d'une croissance saine, à la réparation des injustices nord-sud, à la lutte contre les migrations de la misère et contre les guerres. À rester inerte sous la pression de quelques lobbies et paresseux devant les changements vertueux à accomplir, ce monde enrichi par les énergies fossiles expose les peuples à la cruauté du monde.

Et les institutions internationales financières n'ont pas encore pris le tournant puisqu'elles restent silencieuses et qu'elles ne retirent toujours pas du calcul de la dette budgétaire les investissements vertueux des énergies non fossiles ni ne calculent la dette envers la nature.

Or, la dette envers la nature, donc envers les générations futures, est aujourd'hui considérable et se creuse chaque jour. Cette dette, contrairement à une dette financière, n'est ni annulable, ni renégociable, ni transformable en emprunts puisque c'est déjà un emprunt sur les générations futures que de détruire leur cadre de vie. À chaque catastrophe climatique, c'est le tribunal de recouvrement des dettes qui convoque pour les payer, infligeant de lourdes pénalités. Mais on continue à avancer comme des somnambules égoïstes et étriqués dans leurs égoïsmes, sans entendre que près d'un jeune sur deux ressent de l'éco-anxiété et qu'ils sont de plus en plus nombreux à être prêts à renoncer au bonheur d'avoir des enfants. Tellement triste. Un obstacle au désir d'avenir que pourtant chaque génération doit à la suivante. Autrement dit, la lourde dette écologique se double d'une lourde dette générationnelle. Mais le système financier ne les calcule pas, au double sens du mot. Sauf lorsque les assurances ne veulent plus payer les dégâts humains et matériels considérables dus aux inondations, aux cyclones, aux incendies, aux sécheresses… Alors là, un sourcil se lève pour modifier les contrats, et retombe, aussitôt fait, dans le silence assourdissant de la cruauté qui s'abat sur les moins protégés de ces désastres dont la seule origine est l'inaction humaine.

C'est pour cela qu'il faut réaliser l'écologie intégrale

Alors que le raisonnement technocratique ou financier est un mécanisme qui méprise la limite qu'imposent la valeur et le respect d'autrui, l'écologie intégrale, elle, prend en charge la détérioration culturelle et éthique qui accompagne la crise écologique. Je l'ai observé d'ailleurs de façon spectaculaire dans les écoles : les projets écologiques faits par les enfants ou les adolescents constituent un espace immense d'apprentissage des règles et des limites, un facteur d'apaisement et de non-violence, une sensibilisation aux matières scientifiques, une formidable occasion de dialogue avec les parents.

Savoir se connecter à la nature est une force, un autre versant de l'amour. Se tenir face au ciel, devant l'océan, en montagne, en forêt, en contemplation, devant les étoiles, un oiseau ou une abeille dans un jardin : autant d'instants irremplaçables. Mais fortes sont les inégalités d'accès à une nature préservée, et plus fortes encore pendant le Covid : comme fut absurde et douloureuse l'interdiction des parcs et jardins, pénalisant plus encore les petits logements surchargés où la contamination est plus forte qu'en extérieur, et comme le sont les quartiers de béton.

Absorber la sérénité de la nature, c'est nous relier à la chaîne du vivant dont nous dépendons.

Le combat écologiste relie les humains entre eux

Cette aspiration est profondément pacifiste. C'est d'ailleurs la raison pour laquelle elle n'a pas été prise au sérieux. Et ce n'est pas un hasard si l'éveil écologiste a d'abord été féminin. Puis lorsque les hommes ont rejoint ce mouvement, ils ont été méprisés car considérés comme s'occupant de problèmes de « bonnes femmes », et du reste ils avaient des allures de « gonzesses ».

Oui, pacifiste, défendre la planète, s'inquiéter des dégradations de la nature et du monde vivant, c'est déjà aimer les autres et même plus que cela : c'est aimer les générations futures qui ne sont pas encore nées ni même conçues ! Je ne connais pas d'autres domaines où l'on peut diriger son amour vers des êtres qui n'existent pas encore. Même l'amour maternel n'enveloppe pas un bébé qui n'est pas encore conçu.

Mais qui a envie de faire triompher la douceur ? C'est pour cela que la politique viriliste s'est si peu inquiétée du désastre écologique et climatique. Au contraire. Il y a une triste cohérence entre les violences faites à la nature et les violences faites aux femmes. Le vocabulaire est le même : les prédateurs maltraitent, exploitent, violent, la nature comme les femmes. Domination et infériorisation vont de pair. Et, injustice supplémentaire, à l'échelle de la planète, comme je l'ai démontré dans le *Manifeste pour la justice climatique*, les femmes sont davantage victimes du dérèglement climatique, car elles sont en première ligne pour nourrir leurs enfants, et que 80 % des paysans sont des paysannes.

D'ailleurs concernant les femmes, le dernier rapport du Haut Conseil à l'égalité sur le sexisme révèle une réalité affligeante : plus de 80 % des personnes interrogées, hommes et femmes, déclarent avoir déjà été témoins d'injustice hommes-femmes ; huit femmes sur dix déclarent avoir peur d'être agressées si elles rentrent seules chez elles le soir. Neuf sur dix avouent renoncer, pour la même raison, à certaines activités... Quant aux hommes, un quart de ceux âgés aujourd'hui de moins de 35 ans estiment qu'il faut être violent pour se faire respecter des femmes ! C'est dire la faiblesse de l'action politique, alors qu'est proclamée comme prioritaire la lutte contre les violences faites aux femmes. C'est dire ce que doit être la situation des femmes dans les pays où leur parole n'est pas libre ou dans les pays où ce problème n'est pas considéré comme « prioritaire ».

Les inégalités mondiales se creusent cruellement

Cette accélération du creusement des écarts est dangereuse. 10 % des plus riches possèdent 76 % de la richesse mondiale et 52 % des revenus ; 50 %

des moins riches n'ont que 2 % du patrimoine et 8,5 % des revenus : le *World Inequality Lab*, en publiant les travaux de Thomas Piketty et Lucas Chancel, a lancé l'alerte, car un tel système va vers l'implosion. L'autre grave déséquilibre qui se creuse est celui-ci : le transfert du patrimoine public vers le privé. Les États, autrement dit les services publics, s'appauvrissent au profit des fortunes privées. Les 0,01 % des plus riches ont vu leur patrimoine doubler entre 1995 et 2021. Ce transfert s'est aggravé pendant la crise Covid puisque les États ont emprunté de 10 à 20 % de leur PIB au secteur financier privé. Ce transfert s'est également accentué dans les deux secteurs touchés par la pandémie et la guerre : la santé et l'énergie. C'est l'argent public qui finance les vaccins et les tests ainsi que les personnels qui les administrent, mais c'est le secteur privé qui engrange les profits, et les actionnaires les dividendes, alors que les soignants et l'hôpital public attendent désespérément la revalorisation de leurs moyens, de leurs salaires et de leur nombre. Il y a un transfert de la Sécurité sociale et de la dépense publique vers le privé. Même chose pour l'énergie : c'est la dépense publique, c'est-à-dire nous tous, qui avons financé les équipements lourds de centrales électriques, mais ce sont les revendeurs spéculatifs qui engrangent des gains indus. Et Total qui verse 40 milliards aux actionnaires, alors que le coût de l'énergie épuise les petites entreprises et les ménages. On pourrait prendre d'autres exemples de cette immoralité, comme celui des sociétés d'autoroutes qui amassent des profits indus, et augmentent leurs tarifs en profitant de contrats de concession spoliant l'État, alors que tous les Français ont payé ces équipements qui aujourd'hui sont largement amortis et devraient être gratuits.

Tout cela fait voir autrement les accusations contre le déficit public et contre le déficit de la Sécurité sociale, pour justifier la destruction des services publics et de la Sécurité sociale.

L'économie de marché néolibérale, qui était censée, par son dynamisme, produire du progrès humain, a davantage produit de dégâts humains que de progrès. Il reste donc un nouveau modèle à construire, qui laisse le marché fonctionner quand il fonctionne bien et qui le corrige par des règles strictes quand il creuse les inégalités ou détruit de la valeur économique, ou porte atteinte à l'environnement, et qui, également, équilibre ce marché par des services publics dont la qualité est incompatible avec la logique du marché. En particulier dans tous les domaines liés aux personnes vulnérables, l'expérience prouve que la logique du profit conduit à négliger la dignité humaine comme c'est le cas dans les crèches, les Ehpad, livrés au profit qui augmente la maltraitance, notamment à cause des économies alimentaires et des économies sur les produits d'hygiène. Alors que les crises appellent des interventions nouvelles des États, en réalité elles l'appauvrissent et enrichissent les profiteurs de crise, alors qu'il est parfaitement possible de corriger les mécanismes pervers.

Quand je parle de rétablir l'autorité de l'État, il ne s'agit pas de n'importe quel État.

Ce n'est un État ni technocratique, ni parasite au service de lui-même, mais un État démocratique et surtout efficace, à l'écoute, capable d'anticiper, de gérer l'inattendu, de dessiner un horizon, de faire converger dans des cercles vertueux le secteur privé et le secteur public dans une commune ambition pour le pays. Ce n'est pas un État guichet qui distribue les chèques, mais un État capable de réguler l'économie, qui permet l'accès aux besoins de base, sans angoisse, de tout un chacun engagé dans le travail et l'effort. Un État qui est capable de faire contribuer le secteur privé, sans les lui sous-traiter totalement, les investissements dans le domaine de la recherche, de la santé, de l'éducation. En un mot, un État qui lutte contre la cruauté des mécanismes financiers qui n'ont que faire de l'avenir et du bien public.

C'est cela qu'il faut changer ; de même qu'il faut tordre le cou définitivement à cette fable néolibérale du ruissellement, qui prévoit que plus les riches sont riches plus il y a de redistribution, et donc plus on peut supprimer les mécanismes de redistribution sociale. Le problème, c'est que le ruissellement a fonctionné en sens inverse : les écarts se sont violemment creusés et même le patrimoine a été transféré du secteur public au secteur privé. Ce sont le modèle social européen et le modèle social français en particulier – ce qu'on a appelé les États providences – qui sont menacés. Il faut stopper au plus vite cette dérive ravageuse et cruelle. C'est la raison d'être de l'action publique qui doit également ne pas être en retard sur les nouveaux enjeux de la quatrième révolution industrielle : la numérisation, le big data, l'automatisation, les bio-technologies, l'intelligence artificielle. La définition des nouvelles règles des chaînes de valeurs qu'impliquent ces mutations ne doit pas être laissée aux seules lois du capital privé. Ce sont des enjeux dont les démocraties doivent se saisir avec force et détermination.

Si le climat avait été une banque, il aurait été sauvé depuis longtemps. Et les investissements faits pour sauver les banques, s'ils avaient été faits aussi pour le climat auraient déjà réorienté la croissance et les emplois nouveaux qui vont avec pour lutter contre les ravages du réchauffement climatique.

Affirmer qu'il y a une alternative est déjà la base d'une reprise de confiance dans la politique, contrairement à « *there is no alternative* », qui est la traduction de l'emprise néolibérale.

Chapitre 10

L'amour fait confiance en tout, il espère tout, il endure tout.

L'amour endure tout lorsqu'il cherche le Graal que poursuivent les politiques sincères, quel que soit leur camp, quel que soit leur parcours, quelle que soit leur ambition : soit que cette quête inspire leurs idéaux, soit qu'elle les arme dans la défense intransigeante des valeurs de l'être humain, soit qu'elle leur donne l'énergie de faire bouger les lignes pour améliorer la vie et la paix, ici et dans le monde.

Le propre d'un responsable politique digne de ce nom, c'est bien, en effet, de vouloir le meilleur dans l'absolu, pour l'humanité en général et pour son peuple en particulier. Il s'est employe à décliner ce meilleur absolu dans toutes les dimensions de la vie au travers d'améliorations concrètes, tangibles, palpables.

En se précipitant sur la moindre esquisse d'un progrès, en annonçant comme certains ce qui est encore hypothétique, en forçant maladroitement les serrures du temps, nombreux sont ceux qui, en croyant bien faire, s'éloignent de l'objectif qu'ils poursuivent. C'est à eux que je m'adresse, dans l'esprit d'un partage, en les incitant à prendre le risque de la patience pour se donner toutes les chances de faire advenir petits et grands progrès.

Mais, me diront à juste titre les jeunes militants écologistes qui cherchent partout à réveiller la classe politique : nous n'avons pas le temps d'attendre, il y a urgence ! Je leur répondrai que la conscience de l'urgence n'est pas exclusive de l'usage de la patience. Si vous regardez la façon minutieuse dont les commandos d'élite de défense nationale ou de secours préparent leur matériel et leur mental dans les situations les plus périlleuses, ou si vous observez la façon dont ils progressent vers le lieu de l'assaut, vous découvrirez cette patience qui est de l'ordre d'une qualité d'attention, d'une détermination totale du corps et de l'esprit, d'une concentration absolue sur l'objectif.

C'est précisément d'elle dont ont besoin nos responsables politiques quand ils s'engagent dans une réforme juste, ou quand ils négocient des accords contraignants, comme nous l'avons fait en 2015 et 2016 pour l'accord sur le climat, négocié depuis des années et qui avait soudain bénéficié d'une accélération. Il ne leur est pas demandé pour cela d'entrer dans les forces spéciales, ou de pratiquer la méditation en pleine conscience, mais simplement de se souvenir de leur enfance, ou de réfléchir à la façon dont ils éduquent leurs enfants.

La patience, c'est la pierre philosophale grâce à laquelle l'enthousiasme, la vitalité, le désir infini de l'enfant vont se cristalliser en un apprentissage, qui va donner naissance à un savoir ou un savoir-faire acquis pour la vie.

Je pense à la façon dont ma mère nous a appris à lire, patiemment, sans éclat de voix, avec cette constance du féminin en plénitude. Et de la façon dont mon grand-père m'apprit à jouer du piano à partir de mes dix ans. Il en était tellement fier, lui, le fils d'ouvrier agricole, d'une fratrie de douze enfants, qui nous avait fait visiter, un peu honteux, les ruines de la masure familiale vosgienne, isolée au milieu des champs, sans eau (hormis le puits dans la cour) ni électricité. Ces maisons de paysans où l'étable des vaches côtoie la pièce à vivre et son poêle au bois, pour en garder la chaleur. Maison dont il avait pu s'échapper en étant adopté par un oncle (sa mère, que la pauvreté avait persuadée de le laisser partir, en pleura toute sa vie, disait-il, comme pour se rassurer de l'amour maternel) qui lui fit faire des études à l'école de Saint-Cyr et, après les deux guerres, il accéda au grade de général. Il disait que la destinée, en le faisant de petite taille, l'avait protégé de la mort car, dans les tranchées, tous ses camarades de grande taille avaient été abattus en premier autour de lui.

Elles me semblaient bien longues, ces leçons au cours desquelles je recopiais dix fois le même enchaînement de syllabes. Et les mêmes gammes. Mais elles m'ont ouvert le territoire infini de la lecture et de la musique.

Il faut donc bien le prendre, ce temps de la patience, pour faire advenir le meilleur. Et surtout pour mesurer les conséquences de ses actes. Et je forme le vœu que cette même patience féconde soit justement celle qui permette aux responsables politiques de se sortir du piège de l'urgence.

Le temps de la gestation apprend la vertu de patience. Neuf mois à sentir la vie de son enfant se tisser en nous. On quitte l'illusion de l'immédiateté. Puis l'enfant grandit, évolue, et sans cesse l'amour pour lui « prend patience ». À l'âge sans parole, détecter ce qu'il veut nous dire et les raisons de ses sourires, quand il se construit, à l'âge du « non », et puis toute la suite, des bonheurs immenses et des inquiétudes. Et veiller sans cesse à lui donner des repères, sans étouffer sa liberté qui lui permettra d'apprendre la responsabilité en subissant les conséquences de ses actes ou en bénéficiant des bonnes conséquences de ses bons actes.

L'amour espère tout et endure tout, parce qu'il se construit et se déploie dans le temps. Si je ne prends pas patience et que je cherche à « avoir » tout de suite ce que je désire, la relation restera superficielle. Là où le désir ne prend pas patience, l'amour prend patience. Pour bien agir, il faut prendre le temps de comprendre la France, de lui parler, de se faire connaître d'elle.

La culture de l'immédiateté empêche de formuler, de poser et d'atteindre les objectifs de long terme, écologiques notamment, mais pas seulement. L'amour prend patience, car l'amour est assez patient pour se fixer de vrais objectifs, regarder l'horizon lointain. Nous avons, plus que jamais, besoin de cette patience du temps long pour répondre à l'urgence climatique. Ce n'est qu'apparemment paradoxal. On se trompe en répondant à l'urgence par l'immédiateté. La seule réponse à l'urgence se construit tout de suite, mais s'inscrit dans le temps. Il se traduit d'ailleurs dans le principe de non-régression, inscrit dans le code de l'Environnement.

Refusez la cruauté du monde

Je comprends et ressens la peine de tous ceux qui subissent des cruautés pour en avoir côtoyé beaucoup dans mes actions inflexibles, contre les violences sexuelles faites aux enfants par exemple, ou l'attention portées aux victimes des catastrophes climatiques, et aussi pour avoir enduré des situations de cruauté, que je n'ai pu surmonter que par l'amour pour mes enfants et la volonté de les protéger pour qu'ils grandissent tranquilles, en paix, sans peur et sans culpabilité, dans la joie et l'insouciance si précieuses.

Seul l'amour permet la résilience, je le sais d'expérience. Et c'est bien pourquoi la politique ne devrait jamais être cruelle ou créer des peurs, car la vie en contient déjà assez. Et, après les peurs et les cruautés de la crise sanitaire et du reste, on avait besoin de tranquillité, et certainement pas d'une nouvelle secousse sociétale.

Et au fond, l'ampleur des manifestations est une levée d'énergie pour dire non à la cruauté de la régression sociale. Alors que tout était fait pour rendre la France peureuse (attention à la faillite) et fatiguée. On croit que l'on ne peut pas mettre de limites, et on laisse faire par fatigue, alors que dire non et refuser la cruauté en mettant des limites, c'est beaucoup plus efficace qu'on ne le pense. C'est vrai dans la vie sociale comme dans la vie privée.

Parce qu'il endure tout, l'amour peut aider à comprendre le malheur du monde. Parce qu'il espère tout, il peut aider à le combattre.

Il aura la dimension d'une réparation.

Cette réparation est, à mes yeux, la seule urgence, et seule l'inspiration de l'amour peut lui permettre d'advenir, en agrégeant les forces des hommes et des femmes d'action qui ne demandent qu'à s'y atteler.

Dès lors, plutôt que de laisser nos vies être gagnées par l'insensibilité et le manque de scrupules, trop fréquents en politique, pourquoi ne pas imaginer, à l'inverse, que tout ce qu'elles portent et comportent d'amour peut et doit surgir dans le cercle clos de la politique, et s'y faire entendre, et s'y imposer.

Pour que la politique, en devenant cette expression collective de l'amour, pris à la fois comme fraternité humaine et attention portée à la planète, soit à la fois réparatrice et consolatrice.

En accumulant mes expériences, celles d'autrui que j'ai observées pendant des dizaines d'années dans une variété d'activités et de personnes, je peux exprimer avec des mots simples des situations complexes, et témoigner de ce que devrait être, me semble-t-il, chaque action ou chaque parole politique :

Ne pas séparer, mais unir.

Ne pas régresser, mais améliorer.

Ne pas étouffer, mais épanouir.

Ne pas avoir de préjugés, mais expérimenter.

Ne pas avoir de pensée rigide, mais une pensée souple.

Ne pas concentrer, mais répartir.

Ne pas contraindre, mais convaincre.

Ne pas promettre, mais faire.

Ne pas détruire, mais transformer.

Ne pas séparer, mais fraterniser.

Ne pas conserver, mais innover.

Ne pas mentir ou travestir, mais dire la vérité.

Ne pas punir, mais éduquer.

Ne pas craindre, mais oser.

Ne pas dénigrer, mais reconnaître la valeur d'autrui.

Ne pas prendre possession, mais partager.

Ne pas thésauriser, mais investir dans les biens publics et la préparation de l'avenir.

Écarter le superflu pour se concentrer sur le nécessaire.

Il n'est jamais trop tard pour aimer, et il est nécessaire d'aimer pour faire surgir, au cœur du pire, la possibilité du meilleur et l'éblouissement du bonheur.

Pour ce faire, n'oublions jamais qu'il faut d'abord s'écouter, se parler et se voir le plus possible. Me viennent à l'esprit ces quelques vers d'Alfred de Musset :

« Se voir le plus possible et s'aimer seulement,
Sans ruse et sans détours, sans honte ni mensonge,
Sans qu'un désir nous trompe, ou qu'un remords nous ronge.
[…]
Respecter sa pensée aussi loin qu'on y plonge,
Faire de son amour un jour au lieu d'un songe,
Et dans cette clarté respirer librement. »

Table

Achevé d'imprimer par Normandie Roto Impression s.a.s.,
en février 2023,
N° d'imprimeur : 2300338
Dépôt légal : mars 2023

Imprimé en France